알기 쉬운
금융상식

A ship in harbor is safe,
but that is not what ships are built for.

배는 항구에 있을 때 가장 안전하다.
그러나 그것이 배의 존재 이유는 아니다.

_괴테_{Goethe}

이순상
왜관새마을금고 전무
(경북 실무책임자협의회 회장)

이상민 저자와의 인연은 15년 전쯤 시작되었습니다. MG새마을금고 멘토이자 공제 가이드로서 포항의 모 금고에 교육을 해주러 갔었는데, 그때의 첫 만남은 잊을 수가 없네요. 어느 직원보다도 강의를 열심히 듣는 모습을 보며 책 한 권을 선물했고, 더불어 실적 체크를 하며 업무 노하우를 알려준 결과 당시에 주임으로서 그해 엄청난 실적을 낸 기억이 강하게 남아 있습니다.

이후 저자는 개인적인 사정으로 인해 포항 모 새마을금고를 퇴사했고, 이후 한국능률협회의 전문 강사로 전국을 다니며 강의를 하던 중 새마을금고 연수원에서 교수로 근무 중인 제 친구와도 인연을 맺게 되었습니다. 여러 가지 측면에서 우리 금고와 잘 맞는다고 생각하여 삼고초려三顧草廬 끝에 저자는 왜관 새마을금고로 2015년 4월 6일자로 입사하게 되었습니다.

이 책은 저자가 새마을금고 입사 후 안동대학교에서 강의를 하고, 새마을금고 전문 멘토, 금융교실강사로 전국을 다니며 보고 느낀 점들을 꼼꼼히 기록한 내용인 만큼 다른 이들에게 길잡이가 되어주는 책이 될 것으로 확신합니다.

금융뿐만 아니라 우리의 삶에도 흐름이 있습니다. 역사란 사람이 만드는 것입니다. 오늘 나의 말과 행동이 내일이면 역사가 되듯이 삶은 곧 역사이기도 합니다. 우리 모두 역사를 쓰는 사람이자 또한 역사를 만들어가는 사람이기도 합니다. 하지만 다 같은 삶이 아니기에, 본인이 경험하고 느낀 부분이 누군가에게 길잡이가 될 수 있도록 자신의 삶을 잘 정리한 이상민 저자의 『알기 쉬운 금융상식』이 큰 도움이 될 거라 믿습니다. 출간을 진심으로 축하하고 응원합니다.

심규진
(『창업은 일상이다』 집필)

잘할 수 있는 일을 열심히 하면 이상민 저자와 같은 삶을 살게 됩니다. 일상 속에서 성취를 누리고, 관계 속에서 즐거움을 느낄 수 있습니다. 그리고 더 큰 목표를 향해 한 걸음씩 나아갈 수 있습니다.

저자는 이 책에서 본인의 전문 분야인 '금융'에 대해서 다루었습니다. 아이부터 어른까지 누구나 읽어도 쉽게 이해할 수 있고, 생활 속에서 적용할 수 있는 내용들입니다. 다년간 금융교실 강사로 활동하면서 현장의 소리를 담았는데, 이번 책은 곁에 둘수록 경제 분야의 지혜를 얻어갈 수 있을 것 같습니다.

그의 끊임없는 도전에 찬사를 보내며 그가 강의 활동 또한 더욱 왕성하게 해주길 바랍니다. 이 책이 나오기도 전에 저는 벌써 그의 네 번째 책이 기대됩니다. 저자의 집필과 강의에 다시 한 번 박수를 보냅니다.

급변하는 금융환경

　많은 이들이 부자가 되고 싶어 한다. 부자의 사전적 의미는 재물이 많아 살림이 넉넉한 사람을 일컫는다. 태어날 때부터 재벌이었던 사람이라면 애초에 금융에 관심을 가질 필요도 없겠지만, 그렇지 않은 사람 중에도 지갑에 든 현금이 최고라며 금융에 대해 깊이 있게 생각하지 않는 사람들을 종종 보게 된다. 오늘날의 금융 환경은 그 어느 때보다 빠르게 변화하고 있으며, 좀 더 안정적인 환경을 갖출 만한 충분한 기회들도 제공하고 있는데도 말이다.

　한 금융권에서 실무를 맡고 있는 책임자는 "시대에 뒤처지는 직원은 가장 무능한 직원"이라고 말했다. 전 세계적으로 진행되고 있는 고령화와 저금리 기조의 장기화에 대한 대비책으로 새로운 대안을 제시하는 직원이 있는 반면, 묵묵부답

하거나 시대에 동떨어지는 의견을 제시하는 무능한 직원도 있다.

　세상을 바꿀 수 있는 건 사람이지만, 사람을 바꾸는 건 교육을 통해서 이루어진다고 한다. 그만큼 급변하는 금융 환경에 소비자가 잘 적응하기 위해서는 금융에 대한 교육이 무엇보다 중요하다. 다양한 금융 문제를 현명하게 해결할 수 있는 지식을 습득하여 합리적인 의사결정을 내리고, 장기적으로 많은 이들이 금융 복지를 누릴 수 있어야 한다고 본다.

　나 역시 금융 교실의 강사로서 초·중·고·대학교, 기업에서 강연할 때마다 막중한 책임을 느낀다. 강의를 듣고 통찰을 느끼며 이후에 실행 계획Action Plan을 취하는 이들에게는 분명 긍정적인 변화가 이루어진다. 다만 금융에 대해 알고 싶지만 금융 교육을 접할 곳이 없거나 어디서부터 시작해야 할지 몰랐던 이들을 위해서 조금이나마 도움을 주고자 이 책을 쓰게 되었다. 한마디로 '금융 문맹'이 첫 발걸음을 내디딜 수 있도록 친절한 안내판이 되었으면 한다.

　1부 금융의 시작에서는 금융의 기원과 이해, 금융 회사, 금융 상품에 대한 전반적인 내용을 알기 쉽게 설명했다.

2부 금융을 말하다에서는 자산 관리의 가장 기초인 저축과 높은 수익을 위한 투자에 대해 소개하면서 직장인들이 궁금해하는 최저 시급과 근로자 연봉에 대해 언급하였으며, 처음 받을때는 은인이였다가 금리가 오르면 원수가 되어버리는 대출에 관해 설명했다. 또한 삶에서 직면하는 다양한 위험을 대비해서 꼭 준비해야 하는 보험 상품과 고령화에 따른 재무 설계의 필요성 및 연금 상품을 담았다. 더불어 금융사기 피해 예방을 위한 방법들을 제시하면서 현실적으로 당면하는 위험에 대해 대비할 수 있는 해결책을 제시하였다.

3부 금융전문가에서는 상속세와 증여세, 종합소득세와 양도세를 전문가 입장에서 설명하였고 슈퍼 영업사원이 가지고 있는 노하우와 MZ 신입사원의 생각들이 녹여져 있다. 끝으로 금융과 직장생활에 대한 질문에 대해 다양한 형태의 기업에서 근무했던 경험을 바탕으로 도움이 될 수 있는 답변을 제시해두었다.

금융 생태계에 뛰어들었던 직접적 경험을 비롯해 다양한

형태의 금융권에 근무하고 있는 현직자들을 만나보면서 깨달았던 것들로 인해 나름의 내공이 켜켜이 쌓였다. 이 책에서는 그렇게 농축된 정보들을 최대한 정확하게 전달하려 노력했다. 금융에 대해 올바른 이해와 기본적인 개념을 익혀서 저축을 넘어 투자를 할 수 있는 좋은 기회가 되길 바라본다. 금융에 대한 이해를 높이고 살아가는 데 분명히 필요한 금융 정보에 대해 알차게 꾹꾹 눌러 담아가시길.

『알기 쉬운 금융상식』 책이 출간될 수 있게 해주신 출판사 대표님과 서민들의 든든한 동반자로서 자조·호혜·공동체 정신으로 금융 네트워크를 넘어 희망 공동체를 함께 만들어가며 새로운 역사를 쓰고 있는 왜관 새마을금고 임직원과 새마을금고를 이용해주시는 회원 여러분에게 감사의 마음을 전한다.

이제 막 재테크를 시작하려는 신입 사원, 사회에 첫걸음을 내딛는 은행 직원과 영업 사원을 비롯해 금융 문맹을 탈출하고자 하는 모든 이들에게 이 책을 바친다.

차례

1부 금융의 시작

2부 금융을 말하다

이 책을 읽는 독자들에 대한 나의 세 가지 목표가 있다. 또 그에 따른 두 가지 달성 방법도 함께 제시하고자 한다. 먼저 세 가지 목표는 다음과 같다.

1. 금융 시장이 어떻게 변화하는지에 대해 이해하고 현실에 맞게 금융 상품을 가입해서 재정 상태를 더 나은 방향으로 개선할 수 있도록 돕는 것이다.

2. 자신의 재무 설계를 작성해서 필요한 시점에 참조하고 적용해보는 실용서로 활용하도록 하는 것이다.

3. 가입한 보험을 리모델링해서 필요 없는 부분은 정리하고, 보완해야 하는 부분은 추가할 수 있도록 도움을 주는 것이다.

이를 위해 두 가지 목표 달성 방법을 아래와 같이 추천한다.

1. 각 장마다 일러두기를 읽어보고 자신에게 필요한 장만 찾아보는 것이다. 대출이 필요하다면 대출 관련 챕터를, 적금이나 정기 예탁금에 대해 궁금하다면 해당 챕터를 읽어보고 삶에 적용하길 바란다.

2. 금융과 관련된 내용보다 영업 노하우에 대해 궁금하다면 '3장 금융전문가' 위주로 읽어보기를 권한다. 영업 사원 로드맵과 비법 등을 공유했으니 참고해서 자신의 업무에 적용해볼 수 있을 것이다.

1장

금융의
시작

• • •

The rich invest in time, the poor invest in money.

부자는 시간에 투자하고 가난한 사람은 돈에 투자한다.

_워런 버핏Warren Buffet

1
금융의 기원과 이해

구석기 시대부터 한반도에 머물기 시작한 한민족은 신석기 시대에 들어와 농경법을 익히고 정착 생활을 하면서 다양한 물품을 서로 맞교환하는 방식으로 필요한 물품을 마련하였다. '돈'이라는 게 없을 때부터 물물 교환과 물품 화폐를 해왔던 과거의 방식에서도 볼 수 있듯이 우리는 금융의 도움이 없으면 살아갈 수 없다.

체크카드로 물품을 구입하는 것과 핸드폰에 공인인증서를 설치해서 결제하는 행위, MG상상뱅크나 NH콕뱅크로 송금을 하는 것, 핸드폰 요금, 전기세, 수도세를 자동 이체로 납부하는 것도 모두 금융을 통한 거래를 의미한다. 이제는 해외에 있는 사람과의 거래, 달러로 환전해서 거래하는 행위까지도 가능하게 되었다. 현금은 물론이고 신용카드, 체크카드, 전자상거래 등 다양한 결제 수단으로 거래할 수 있어 편리함도 높아졌다.

금융은 여유 자금을 가진 사람들의 돈을 모아서 자금이 필요한 사람에게 전달한다. 사람들이 금융 회사에 저축을 하면 금융 회사는 이 돈을 모아서 필요한 사람이나 기업에 빌려준 뒤, 대출로부터 발생한 이자 수익을 예금자에게 배분하게 되는 것이다. 예를 들어, 대학생들도 장학금을 받거나 아르바이트를 해서 여유 자금이 발생하면 금융 회사에 저축하고, 반대로 학비를 내야 하는 시점에 돈이 부족하면 학자금 대출을 받는다.

금융 회사들은 대출을 실행하기 전에 돈을 빌리는 사람의 신용 점수를 평가하고 금융 거래 패턴을 확인한다. 그 결과에 따라 희망하는 금액을 다 빌려주기도 하지만 일부를 차감하여 빌려주기도 한다. 이때 돈을 빌린 사람이 일정 기간 돈을 사용한 대가로 금융 회사에 지급하는 금액을 이자라고 하고, 기간에 따라 원금에 대한 이자가 발생하는 비율을 금리라고 한다.

알기 쉬운 금융상식

금융 회사에서는 이렇게 자금을 빌려주고 맡기는 과정에서 역마진이 발생하지 않도록 금리도 조정한다. 이러한 자금의 효율적인 배분을 통해 지역뿐만 아니라 국가 경제 발전에도 기여한다고 볼 수 있다.

기준 금리는 한국은행이 국내 물가, 경기, 해외 시장의 상황, 세계 경제의 흐름 변화 등을 고려하여 금융통화위원회의 의결을 거쳐 결정하는 정책 금리다. 저금리에 따른 과잉 유동성으로 부동산 시장이 과열 양상을 빚었지만 서서히 막을 내리기 시작하려는 조짐이 보인다. 이럴 경우에는 대출은 고정 금리로 하고 예탁금은 변동 이율을 하는 것이 유리할 수 있다.

주식은 주식회사가 자본금 조달을 위해 발행하는 증권으로, 주식 시장은 시장 경제에서 큰 부분을 차지하고 있다. 주식 시장이 없다면 기업들은 수많은 투자자로부터 자금을 조달하거나 다른 기업들의 인수 합병을 통하여 성장하는 기회를 가지기 어렵다. 그래서 주식 시장은 국가 경제 발전에 있어 반드시 필요한 부분이다.

우리나라의 주식 유통 시장으로는 코스피, 코스닥, 코넥스가 있다. 코스피KOSPI는 종합 주가 지수라고도 하는데, 증권 시장에 상장된 상장 기업의 주식 변동을 기준 시점과 비교 시점을 비교하여 작성한 지표다. 코스닥KOSDAQ은 우리나라의 장외 증권 시장으로, 컴퓨터와 통신망을 이용하여 장외 거래 주식을 매매*하며 증권 거래소 시장과는 달리 유망한 벤처 기업이나 중소기업의 자금 조달을 목적으로 한다. 또한 코넥스KONEX는 우수한 기술력을 보유하고 있음에도 불구하고 짧은 경력 등을 이유로 자금 조달에 어려움을 겪는 초기 벤처 기업과 중소기업이 자금을 원활하게 조달할 수 있도록 하기 위해 설립된 자본 시장이다.

한 국가의 경제는 생산, 분배, 지출의 과정을 반복하며 순환한다. 이러한 경제 활동이 원활하게 일어나기 위해서는 각 경제 주체 간에 일어나는 거래를 유지할 수 있는 금전적인 부분이 충분해야 하고, 이러한 흐름을 원활하게 해줄 금융 시장이 잘 발달되어 있어야 한다.

....

* 매매 : 사고파는 것

1994년 엔화 강세와 PC 붐으로 우리나라 IT 기업의 수출이 증가했다. 수출이 증가하면서 국내 기업은 공급을 늘리기 위해 투자를 확대하기 시작했다. 국내 은행은 금리가 낮은 미국에서 돈을 빌려 투자금이 필요한 국내 기업들에게 자금을 대출해주었다. 일본은 '역플라자 합의'로 달러는 강세, 일본 엔화는 약세를 국제 사회로부터 용인받았다.

하지만 PC 생산이 늘어난 것에 비해 수요가 받쳐주지 못하자 반도체 가격은 크게 하락했다. 이 때문에 우리나라 기업들의 수출이 어려워지면서 빚을 갚지 못하게 되었다.

1997년에는 태국 바트화 폭락을 시작으로 동남아시아 국가 경제가 흔들리기 시작했다. 이에 그치지 않고 필리핀, 말레이시아, 홍콩, 타이완까지 그 영향이 확산되고 우리나라에도 타격이 가해졌다. 1997년 기아자동차가 법정 관리를 신청했고 외국 은행은 만기 채권 연장을 거부했으며 국내 은행은 달러로 빚을 갚아야 했다. 밀려드는 달러 수요에 환율은 폭등했고 외환 보유고가 바닥을 드러내면서 IMF에 구제 금융을 요청하기에 이르렀다.

이러한 국가적 아픔을 다시 겪지 않기 위해서 금융의 기원에 대한 지식과 올바른 이해가 필요한 것이다. 한 회사의 미래는 신입 사원에게서 보이고, 한 국가의 미래는 청년들에게서 보인다고 한다.

전문적인 지식과 기술을 습득해서 국가에 필요한 인재로 쓰이고 싶다는 생각을 해왔던 필자에게 금융 강사로 활동할 수 있다는 건 참 행복한 일이다. 강의로 전달할 수 있는 대상은 한정적이지만 책으로 전해질 수 있다면 그 대상은 무한하다고 생각한다. 금융 교육을 이 책을 통해서 시작했다는 청년이 나오기를 기대하면서 첫 장을 마무리해본다.

생각 열기

돈의 역사를 알면 앞으로 돈이
어디로 흘러갈지 파악 할 수 있다.

내 삶에 적용해 보기

"

"

· · ·

Stop buying things you don't need,
to impress people you don't even like.

당신이 좋아하지도 않는 사람들을 감동시키기 위해
필요하지도 않은 것을 사지 마라.

_수지 오먼Suze Orman

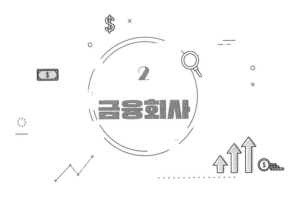

금융 회사의 종류는 제1금융권(시중 은행, 지방 은행, 외국계 은행, 인터넷 전문 은행, 특수 은행), 제2금융권(협동조합, 증권사, 보험사, 저축 은행), 제3금융권(대부업)으로 나눌 수 있다. 은행 은 은행법에 의거해 설립되어 운영되는 일반 은행, 개별 특수 은행법에 의거해 설립되어 운영되는 특수 은행, 외국계 은행, 인터넷 전문 은행 등이 있다.

일반 은행은 예·적금을 통해 자금을 모아 다른 기업에 대출 해주는 사업을 하는 곳이다. 즉 예금자에게 돈을 받아 대출자 에게 대출해주고 그 이자 차이를 수익으로 하는 사업을 하며, 은행법의 적용을 받는 금융 기관이라고 할 수 있다. 소비자로부터 자금을 받는 것을 수신, 빌려주는 것을 여신이라고 하며 그 예금과 대출의 이자 차이를 예대 마진이라고 한다.

전국을 영업 대상으로 하는 시중 은행으로는 신한은행, KB 국민은행, KEB하나은행, 우리은행이 있다. 금융권을 준비하는 대학생들이 가장 많이 지원하는 일명 '4대 은행'이지만 최근 5년 동안 영업 점포를 590여 개나 줄였기 때문에 입사해서 행원이 되는 것은 더 어려워졌다. 보통 서류전형 → 필기전형 → 1차 면접(직무 적합도 중심) → 2차 면접(인성 중심) → 채용 검진이라는 단계를 거쳐서 최종 합격을 할 수 있다.

신입 2년간은 본인의 영업 역량을 최고로 발휘할 수 있는 1지망이나 고향으로 배치되고 2년마다 다른 지역으로 인사이동을 하게 된다. 결혼을 할 경우 최대한 가족과 거주하는 지역으로 근무할 수 있도록 배려해주긴 하지만 간혹 주말부부가 될 수도 있다고 한다. 매일 반복되는 업무 외적으로도 신용카드, 퇴직 연금, 은행 연계 보험 등 영업 실적의 압박과 승진 때마다 시험을 봐야 한다는 부담감은 있지만 누구나 부러워하는 직장이 은행 행원이기도 하다.

지방 도시에 본점을 두고 그 지역의 기업이나 고객과 밀착해서 거래하는 지방 은행에는 부산은행, 경남은행, 대구은행, 광주은행, 전북은행, 제주은행이 있다.

또 정부계 은행인 특수 은행은 KDB산업은행, 한국수출입은행, IBK기업은행, NH농협은행, 수협중앙회가 있다. 국책 은행으로도 불리는 특수 은행은 수출이나 산업 발전이라는 국가의 목표에 부응하기 위해 설립되었지만 영업 이익이 상대적으로 시중 은행보다 낮아서 일반 은행들이 참가하지 않는 영역의 업무를 담당하기도 한다.

외국계 은행에는 SC제일은행, 한국씨티은행, 스탠다드차타드, 도이치, 제이피모건체이스, 홍콩상하이가 있다. 은행 통폐합 및 점포 수를 최소한으로 줄이려는 현상으로 인해 인터넷 전문 은행이 출범하게 됐다. 카카오뱅크, 케이뱅크, 토스뱅크는 점포를 통한 대면 거래를 하지 않고 인터넷을 영업 채널로 활용하는 무점포 비대면 거래 방식의 은행이다. 40대에 명예퇴직한 은행원, 은행 직군 중 전산팀에서 좋은 평을 받았던 직원들이 스카우트되어 인터넷 은행으로 이직을 많이 하기도 했다.

구분	주식회사	협동조합
조직구성	자본 결합체	인적 결합체
사업목적	주주이윤극대	구성원에 대한 봉사
소유권	기업주, 주주	구성원인 사람
가입방법	주식 매입*	출자 1만원 (일정 조건)
투자에 대한 수익	이윤배당 제한 없음	잉여금배당 제한
지역성	무제한	주거지 제한

협동조합은 직장·지역 서민들을 대상으로 수신 업무, 여신 업무, 체크 단말기 업무, 보험 업무를 한다. 지역 밀착형으로 지역 경제 발전에 이바지하고자 신용도가 낮은 개인이나 기업이 문을 두드렸을 때에도 도움을 준다. 문턱이 낮지만 대출 금리는 은행보다 높을 수 있고, 대신에 대출 한도를 늘릴 수 있는 편이며 예·적금 금리도 높다.

협동조합은 1좌 이상을 출자한 조합원 모두가 주인이 될 수 있다. 고객이 경영에 직접 참여할 수 없는 일반 은행과는

* 매입: 사는 것

다르게 협동조합은 조합원인 회원이 직접 대표를 선출하고 총회를 통해 의견을 제시하며 경영에 참여할 수 있다. 또한 협동조합에서는 이익을 통해 높은 배당금을 조합원에게 지급하고, 복지 사업을 통해 지역 사회에 환원하는 등 지역 경제 발전에도 크게 도움을 주고 있다.

이러한 협동조합으로는 MG새마을금고, 단위농협, 지역수협, 축협, 산림조합이 있고 특히 MG새마을금고는 우리 고유의 '상부상조' 정신을 바탕으로 설립된 이후, 사람을 먼저 생각하는 따뜻한 금융으로 지역 사회와 함께 성장해왔다. 잘 사는 부자 마을, 살기 좋은 복지 마을의 구현을 위해 운영 이익을 지역 사회에 환원하는 복지 사업을 비롯하여 회원의 경제적·사회적·문화적 지위 향상과 지역 사회 발전을 위한 다양한 사회 공헌 활동으로 나눔의 가치를 실천하고 있다.

안전성을 이유로 무조건 제1금융권만 거래하시는 분들을 가끔 본다. 하지만 개인적으로는 외환 위기에도 유일하게 공적 자금을 받은 적이 없고, 수익을 내서 조합원에게 정기 예탁금보다 더 높은 배당금을 지급하는 협동조합을 이용하는 회원들이 많이 늘어났으면 한다.

협동조합은 지역에서 로타리 클럽, 라이온스 클럽, 체육회, 청년 협의회, 자율 방범대, 의용 소방대와 같이 봉사하는 사회단체에 전폭적인 지원을 아끼지 않고, 또한 관내 초·중·고·대학교에도 장학금을 매년 꾸준히 지원해주고 있다. 또한 배드민턴, 탁구, 테니스, 파크골프, 산악회 등 지역 내 생활 체육 분야에도 공헌하고 있으며 우수 회원 기차 여행, 효도 여행과 같이 이용하는 회원들의 건강과 더불어 행복 지수를 높여주는 데에도 기여하는 특화된 금융기관이다.

특정 은행을 거론할 수는 없지만 수익이 결국 외국으로 가는 비율이 68%나 되는 곳도 있었다. 외국인 한도 주식 수, 외국인 보유 주식 수, 외국인 소진율을 확인해보면 이 돈이 우리나라에서 유통되면 얼마나 좋을까 하는 생각이 든다. 그래서 주위에 더욱 협동조합을 많이 이용해달라고 호소하는 편이다.

MG새마을금고의 경우에는 1991년부터 2021년까지 복지 분야에 총 5,034억 원(지역 사회 환원 및 시설 등에 지원된 금액)을, 1998년부터 2021년까지 사랑의 절미 운동(쌀과 금전)으로 총 1,058억 원을 지원했다. 그만큼 어려운 이웃들에게 꼭 필요한 금융 기관이기도 하다.

• 단위 : 억 원, 개   • 기준 일자: 2021. 12월 말

구분	새마을금고	지역농협	지역신협	지역수협	산림조합
설치근거	새마을 금고법	농업협동 조합법	신용협동 조합법	수산업협 동조합법	산림 조합법
최초 설립년도	1963년	1961년	1960년	1962년	1962년
기관형태	협동조합				
총자산	2,420,568	4,184,430	1,244,276	390,438	97,429
예수금	2,148,323	3,859,442	1,117,330	328,972	84,675
대출금	1,771,432	3,119,546	937,989	268,842	64,708
조합원수 (만 명)	831	209	657	15	40
금고 (조합)수	1,297	1,118	873	90	139
점포 수	3,242	4,820	1,667	496	167
직원 수(명)	16,020	31,047	9,813	3,308	710

출처: 2022년 새마을금고 신입직원 오리엔테이션 교육자료

　우체국은 금융 취약 지역에 있는 주민들의 편의를 도모하기 위해 전국에서 우편 편의 업무, 택배 업무, 금융 창구 업무를 지원한다. 국가가 경영하는 우정사업본부가 관리하고 있기 때문에 예·적금뿐만 아니라 저렴한 보험 상품도 많이 거래되고 있다.

상호 저축 은행은 신용도가 낮은 서민과 기업을 대상으로 대출을 취급하기에 금리가 상대적으로 높은 편이다. 부실 경영으로 서민들에게 막대한 피해를 주고 금융 질서를 어지럽혔던 몇몇 상호 저축 은행 때문에 부정적인 인식이 남아 있는 듯하다. 하지만 현재는 예·적금 금리를 높게 주는 곳이 많아 이용도가 조금씩 높아지고 있는 추세다.

지금까지 소개해드린 모든 금융권은 원금과 이자를 포함해서 5천만 원까지 예금자 보호가 되니 안심하고 거래하면 된다.

통상 대부업이라고 불리는 제3금융권은 상당히 높은 금리로 대출을 내준다. 어느 곳에도 대출이 되지 않아 어쩔 수 없이 사채에 손을 댈 수밖에 없는 경우도 있겠지만, 될 수 있으면 제3금융권에서는 대출을 받지 않는 것이 좋다. 불법 사채는 법정 최고 금리를 지키지 않고 이자를 받기 때문에 개인 회생이나 파산 신고 등으로 갈 수 있으니 조심해야만 한다.

이외의 금융과 밀접한 기관으로는 금융 감독원, 한국은행, 예금 보험 공사, 한국 거래소, 지역 신용 보증 재단, 서민 금융 진흥원, 신용 회복 위원회가 있다.

대학생들의 취업 선호도를 보면 매년 금융 회사가 높은 비중을 차지하고 있다. 다른 회사보다 상대적으로 높은 연봉을 받을 수 있고 정년까지 안정적인 직장 생활을 할 수 있다는 장점으로 많은 이들이 지원한다. 개인적으로 다양한 형태의 기업에 근무해본 경험으로도 금융권에 근무하는 것을 추천하는 바다.

이곳은 단순히 생계유지만을 위한 직장이 아니라 교학상장敎學相長하면서 의미 있는 일을 하는 특화된 회사이기 때문이다.

은행은 예금을 가계나 기업에 대출해준다.
이 돈은 소비와 투자를 활성화하고
돈은 다시 예금이 되어 은행에 들어온다.
즉 은행이 성장하면 경제가 발전하는 것이다.

알기 쉬운 금융상식

내 삶에 적용해 보기

66

66

알기 쉬운 금융상식

My favorite things in life don't cost any money.
It's really clear that the most precious resource
we all have is time.

인생에서 내가 가장 좋아하는 것은 돈이 들지 않습니다.
가장 소중한 자원은 우리 모두가 갖고 있는
시간이라는 것이 분명합니다.

_스티브 잡스Steve Jobs

3

금융상품

금융 상품을 이용하는 소비자들은 세 부류로 나뉜다. 자신이 가진 돈을 안전하게 관리해주길 원하는 안정형Safety, 자신이 가진 돈의 가치를 키워주길 원하는 도전형Challenge, 그리고 위험에 대비하기 위해 보험 상품에 가입하는 준비형Preparation이다. 이 세 가지 유형의 소비자들을 '아기 돼지 삼 형제'에 비유해봤다.

첫째, 돼지인 안전형은 저축 상품을 선호한다. 저축은 목적에 따라 입출금이 자유로운 보통 예금, 목돈 마련을 위한 정기 적금, 목돈을 불려 나갈 수 있는 정기 예탁금으로 나뉜다.

보통 예탁금은 이자율이 0.05%로 낮지만 입출금이나 송금이 자유롭고, 체크카드나 신용카드의 결제 계좌로 활용할 수 있다. 정기 적금은 매월 같은 금액을 정기적으로 입금하여 만기일까지 목돈을 만드는 것이다. 세금 우대를 받을 수 있는 협동조합에서 조합원 통장을 개설하면 3,000만 원까지 세금 우대가 된다. 정기 예탁금은 목돈을 금융 기관에 맡겨두는 것으로, 정기 적금보다 만기에 받는 이자는 더 높다. 귀찮더라도 인근 금융 기관의 금리를 비교하여 금리가 가장 높은 곳에 가입하는 것이 좋다. 특히 세금 우대 적용을 받을 수 있는 협동조합에 가입할 것을 추천한다.

ex. 정기 적금 금리 : 3.5%, 기간 : 1년

월: 2,450,000원 (세금 우대 이자 531,105원)

ex. 정기 예탁금 금리 : 3.5%, 기간 : 1년

목돈: 30,000,000원 (세금 우대 이자 1,039,280원)

둘째, 돼지인 도전형은 투자를 해서 높은 수익률을 낼 수 있는 상품을 선호한다. 금융 투자 상품으로는 주식, 채권, 펀드가 있고 이는 원금 이내에서 손실이 발생할 가능성이 있는 상품들이다. 원금을 초과하여 손실이 발생할 수 있는 파생 상품도 있지만 평범한 직장인들이 선택하기에는 위험도가 너무 높다.

주식은 이미 많은 이들이 이용하고 있다. 올해도 국내 주식 투자자가 1천만 명을 돌파했고, 돈을 굴리는 데 관심이 있는 사람이라면 살면서 한 번쯤은 시도해보는 것 같다. 주식은 회사를 경영하는 데 필요한 돈을 투자한 사람에게 주는 일종의 증서다. 회사를 설립하거나 돈이 필요할 경우에 여러 사람에게 이익금을 나누어줄 것을 약속하고 주식을 발행하여 돈을 마련하는 것이다. 이렇게 주식을 발행하여 세워진 회사를 주식회사라고 하고, 주식을 가지고 있는 사람을 주주라고 한다.

주식회사에서는 1년에 한 번씩 주주 총회가 열리는데, 주주는 이 주주 총회에 참석하여 회사 운영에 관한 중요한 사항을 결정하는 데 의결권을 행사할 수 있다. 우편함에 현대자동차, 하나은행, 신한은행 등 주주 총회 참석장이라고 적힌 초대장이 온다면 한 번쯤 참석해보기를 추천한다.

주식 투자에는 크게 두 가지 방식이 있다. 하나는 개인이 증권 시장에서 직접 다른 사람에게 주식을 사고파는 직접 투자,

다른 하나는 투자 전문가에게 맡기는 간접 투자다. 처음 시작하는 사람이라면 휴대폰의 앱 스토어에서 '증권플러스' 앱을 다운받으면 쉽게 입문할 수 있을 것이다. 증권 계좌를 개설하고 증권사를 연결하면 1주씩 구매가 가능하다.

펀드는 투자 전문가가 여러 사람으로부터 모은 돈을 주식 등에 투자하여 그에 따른 이익을 나누어주는 금융 상품이다. 개인이 아니라 전문가가 대신 투자를 해주기 때문에 수수료를 지불해야 하지만 주식보다는 손해율이 적은 편이다.

주식이나 펀드는 은행권 예금과 비교하면 더 많은 이익을 기대할 수 있으나 원금을 보장해주지 않기 때문에 항상 위험에 노출되어 있다. 따라서 주식이나 펀드를 하려고 대출까지 받아가며 투자하다 보면 생계의 기반마저 흔들릴 수 있기 때문에 반드시 여유 자금이 있을 때만 도전해볼 것을 권한다. 또한 투자한 회사의 현재 상태, 앞으로의 전망을 자세히 검토하여 위험을 줄여야 최대한의 성과를 기대해볼 수 있다.

한때 잠시나마 최고의 투자로 주목받던 비트코인에 대한 이야기도 빼놓을 수 없겠다. 비트코인은 정부나 중앙은행, 금융 회사의 개입 없이 온라인상에서 개인과 개인이 직접 돈을 주고받을 수 있도록 암호화된 가상 화폐로 높은 수익을 올리는 방식이다.

처음에는 앱 스토어에서 '업비트' 앱을 다운받아 이용하면 쉽게 접근해볼 수 있다. 입출금 통장과 연계하여 금액을 보낼 수 있는데, 주식은 1주 단위로 거래한다면 비트코인은 본인이 보유한 금액의 최대, 50%, 25%, 10%(수수료 0.05%) 단위로 선택할 수 있다. 수익이 높지만, 위험도도 상당히 높기 때문에 큰 피해를 입을 수 있으니 주의해서 투자해야 한다.

셋째 돼지는 준비형이다. 질병, 재해, 사망 등 각종 사고와 같은 위험에 처했을 때를 대비하여 보험에 가입하는 것을 중요하게 생각한다. 생명 보험은 사람의 생존 또는 사망과 관련하여 발생하는 경제적 손실을 보상해주는 보험이고, 손해 보험은 우연한 사건으로 발생하는 재산상 손해를 보상하는 보험이다. 또 제3보험은 질병, 상해 또는 간병에 관해 약속한 금액을 지급하거나 이 때문에 손해를 보상하는 보험을 말한다.

일반적으로 장기 계약이 많고 중도에 해지하면 원금 손실을 보기 때문에 무작정 가입하기보다는 보장 분석을 자세히 검토해서 본인에게 적합한 상품으로 가입해야 한다.

    수년간 연락 없던 먼 친척이 보험 회사에 취직했다고 적금식이라면서 터무니없는 보험 금액을 권유한다면 일단 경계하자. 본인에게 필요한 종합 플랜을 설계해주는 설계사가 아니라 실적 위주의 설계로 권유하는 상품은 가입하지 않는 것이 좋다. 돈도 잃고 나중에는 사람까지 잃게 된다. 평생 파트너로 갈 수 있는 금융 기관에 근무하는 직원이 권유하는 공제 상품이나 10년 이상 보험 회사에 근무한 전문가의 보험 상품을 추천한다.

생각 열기

자산을 합리적으로 관리하기 위해서는
다양한 금융 상품들의 특징을 이해해야 한다.
자산 관리를 위해서 가입할 수 있는 상품에는
예금과 적금, 주식, 채권, 펀드, 보험 등이 있다.

내 삶에 적용해 보기

"

"

알기 쉬운 금융상식

2장

금융을
말하다

* * *

The best way to become a billionaire is to help a billion people.

억만장자가 되는 최고의 방법은
십억 명의 사람들을 돕는 것입니다.

_피터 디아만디스 Peter Diamandis

1

저축을 해보자!

저축은 미래의 소비를 위해 절약하여 모아둔다는 의미로, 우린 알게 모르게 어릴 때부터 저축하는 습관을 길러왔다. 그런데 같은 돈을 저축해도 실수령액에는 차이가 있다. 그래서 세 가지 사항을 알고 있어야 한다.

첫째, 단리는 일정한 시기에 오로지 원금에 대해서만 약정한 이율을 적용하여 이자를 계산하는 것이고, 복리는 이자에 이자가 붙는 것이다. 같은 금액과 같은 이자율이라도 적용되는 이자 계산법을 단리로 할 것인지 복리로 할 것인지에 따라 만기 시의 실수령액이 달라진다. 적금을 가입할 때는 물론 단리보다 복리로 가입하는 것이 유리하다.

ex. 예치금액: 1억 원, 예금기간: 1년, 연이자율: 5%

세전이자(단리): 5,000,000원

세후이자(복리): 5,116,190원

둘째, 예·적금을 가입하고 만기 시 수령할 때는 본인이 받는 이자에서 소득세 15.4%(소득세 14%, 지방세 1.4%)를 제외하게 된다. 만약 이자 수령액이 600,000원이라고 가정하면 92,400원의 세금을 제외하여 실수령액은 507,600원이 된다는 것이다. 따라서 세금 우대와 비과세가 가능한 금융 기관에서 예·적금을 가입하는 것이 유리하다. 세금 우대를 받으면 농특세 1.4%만 제외하고 수령할 수 있기 때문에, 실수령액이 585,470원이 되면서 77,870원 이득을 볼 수 있다.

이러한 세금 우대 혜택을 받기 위해서는 주민등록상 명시된 거주지에 등본을 지참하고 출자금 1구좌를 개설하면 된다. 그러면 1인당 3,000만 원까지 혜택을 볼 수 있다.

또한 비과세 종합 저축은 세금이 0%이기 때문에 이자 600,000원을 전부 받을 수 있는데, 만 65세 이상일 경우에는 신분증만 지참하면 된다. 또한 기초 생활 수급자 증명서, 장애인 증명서, 독립 유공자증 제출이 가능하다면 출자금을 개설하지 않아도 5,000만 원까지 세금 0% 혜택을 볼 수 있다.

셋째, 금융 기관별 예금자 보호는 1인당 5,000만 원까지 가능하다. 이때 서울 신한은행에서 원금과 이자 포함 5,000만 원 예금을 했다면 대구 신한은행에서도 5,000만 원의 예금이 보호 대상이 되는 것은 아니다.

이와 달리 독립 채산제로 운영되고 있는 지역 협동조합은 각각 보장이 가능하다. 서울 새마을금고에 원금과 이자 포함해서 5,000만 원을 정기 예탁하고, 대구 새마을금고에 또 5,000만 원을 예금한 경우 각각 예금자 보호를 받게 되는 것이다. 기관별 차이가 있는 만큼 안전을 기하고자 한다면 예금자 보호 여부도 확인하고 가입하는 것이 좋겠다.

반면, 출자금은 1,000만 원까지 비과세 혜택을 받고 매년 결산 후에 회사수익에 따라 높은 배당금을 지급받을 수 있는데, 예금자 보호는 되지 않는다. 대신 배당 수익은 정기 예금보다 높고 1,000만 원까지 세금 0%를 적용받기 때문에 주식보다는 출자금에 비중을 두는 것도 권장한다.

구분	세금우대저축	비과세종합저축
저축한도	전 금융기관 3천만 원 이내	전 금융기관 5천만 원 이내
가입대상	19세 이상의 회원(개인)	65세 이상 거주자 등
가입예금	거치식 예금, 적립식 예금	
우대세율 및 세제혜택 기간	2022년까지 발생한 이자소득 : 비과세 2023년 발생한 이자소득 : 5% 2024년부터 발생한 이자소득 : 9%	2022.12.31.까지 가입하는 경우 만기까지 비과세
	농특세 : 이자소득 감면세액의 10%	

※ 조세특례제한법 일부개정법률안 통과시 2025년까지 세금우대 1.4%, 비과세 0%
  연장 적용

그럼 저축을 통해서 조금이나마 이자를 더 받을 수 있는 방법을 정리해보자.

1. 피땀으로 모은 소중한 자산을 맡겨두는 정기 예탁금이라면 인근에 있는 금융 기관별 금리를 비교해보고 가장 이율이 높은 곳을 선택하자. 정기 적금이나 자유 적립 적금은 이율 차이가 1% 이상 차이가 나지 않으면 큰 의미가 없으므로 방문하기 가까운 곳에서 가입하는 것이 좋다.

2. 예·적금은 새마을금고, 지역 농협, 신협, 지역 수협, 축협, 산림조합에서 조합원 통장을 개설하여 세금 우대 혜택을 받도록 하자. 세금 우대 3,000만 원 한도를 모두 사용하고 있다면 시중 은행을 포함해 가장 금리가 높은 금융 기관에 가입하면 된다.

3. 우대 금리를 받을 수 있는 부분이 있는지 꼭 확인해보자. 우대 금리의 조건으로 인터넷 뱅킹으로 가입 시 0.1%, 제휴 신용카드 발행 시 0.1%, 체크카드 발행 시 0.1%, 문자 알림 서비스 신청 시 0.1% 등을 제시하는 은행이 있다. 이럴 경우에는 0.4% 금리를 더 받을 수 있으므로 가입하고 정기 예탁금을 하는 것이 유리하다. 가입하고자 하는 금융 기관에 적용받을 수 있는 부분을 모두 알려달라고 적극적으로 요청해서 최대한 높은 금리로 상품에 가입하자.

Money는 뭐니 뭐니 해도 돈을 타본 사람이 재미를 느끼는 것 같다. 1년 단위로 정기 적금을 가입한 뒤 만기되면 그 금액을 정기 예탁금으로 맡기고, 다시 정기 적금을 시작하는 식으로 이자의 달콤함을 맛보기를 추천한다.

일반 은행에서 정기 예탁금, 정기 적금, 자유 적립 적금에 가입해봤다면 이제는 주택 청약 종합 저축을 가입해야 한다. 이 상품은 국민 주택(국가, 한국 토지 주택 공사가 건설하거나 국민 주택 기금으로부터 자금을 지원받아서 건설한 25.7평 이하의 주택)과 민영 주택(힐스테이트, 자이, 래미안, 푸르지오, 롯데캐슬, e편한세상, 아이파크, 위브 등)의 청약권이 부여되는 저축 상품이다. 시중 은행에서 가입이 가능하고 매월 1만 원에서 50만 원까지 자유롭게 저축할 수 있다. 대부분은 민영 주택을 선택하는데, 성인이라면 스마트폰으로 간편하게 가입할 수 있고, 미성년자일 경우 기본 증명서(상세)-자녀 기준, 가족 관계 증명서-부모 기준으로 발급해서 은행에 방문해야만 가입이 가능하다. 납입 기간은 별도의 만기 없이 국민 주택이나 민영 주택 입주자로 선정될 때까지다. 내가 거주하는 칠곡군의 경우 청약 1순위 요건은 24회차, 300만 원인데 지역에 따라 차이가 있으니 본인이 거주하고 있는 지역의 한도 금액을 확인해보자.

사회 초년생은 급여 통장을 받는 주거래 은행에서 스마트 뱅킹으로 가입하길 권하고, 주부라면 생활 터전에서 가까우면서도 꼼꼼히 설명해주는 금융 기관을 이용하는 것이 편하다. 특히 은행 갈 시간도 없는 자영업자들이라면 직원이 직접 가게를 방문해서 입·출금 업무도 해주고 세금뿐만 아니라 지역 상품권 회수 업무까지 도와주는 곳에서 거래하는 것이 좋을 것이다.

현재는 정기 예탁금 1%대의 저금리 시대이지만 곧 '빅 스텝' 금리 인상으로 금리가 오를 것으로 예상된다. 만약 1억 원을 1.4% 정기 예탁금으로 가입했다고 가정해보자.

구분	원금	이자(세후)	원금+이자
만기까지 보유 시 이자 수령액	1억 원	118만 4,400원	1억 118만 4,400원
3개월 만에 해지 하고 9개월 정기예탁금 (1년 2.25%) 재가입	1억 3만 8,070원	142만 8,168원	1억 146만 6,238원

※ 원금은 3개월 중도해지(이자 3만 8,070원도 같이 재가입)

3개월이 지나지 않았다면 금리가 오른 상품으로 갈아타는 게 유리하다는 결론이 나온다.

개인적으로 조선비즈닷컴을 매일 읽으면서 세계 금융 동향을 파악하고 있다. 시대 변화에 누구보다 발 빠르게 대처하기 위해 금융 관련된 기사는 빼놓지 않고 챙겨본다. 이 책이 세상에 펼쳐질 때쯤에는 금리가 5% 이상으로 오르지 않았을까 싶다. 그래서 부동산이나 주식에 투자했던 금액들이 다시 은행으로 들어올 것이다. 미리 저축 한 구좌쯤은 해두기를 추천한다.

생각 열기

저축은 어떤 형태의 금융 상태로든
돈을 모으는 것이고,
적금은 금융 상품 중 하나를 가입해서
돈을 모으는 것이다.
비과세나 세금 우대가 가능한 상품을 확인하고
금리를 비교해서 목돈을 마련하는 것이
올바른 저축 습관이다.

내 삶에 적용해 보기

　　　　　알기 쉬운 금융상식

The rich invest their money and spend what is left,
the poor spend their money and invest what is left.

부자들은 돈을 투자하고 남은 것을 소비합니다.
가난한 사람은 돈을 쓰고 나머지를 투자합니다.

_짐 론_Jim Rohn.

투자란 긍정적인 이익을 얻기 위하여 어떤 일이나 사업에 자본을 대거나 시간이나 정성을 쏟는 것을 말한다. IMF 시기에는 은행 금리가 평균 13%대를 찍기도 했는데, 저금리가 고착화되면서 은행에 정기 예탁금으로 넣어뒀던 금액들이 만기가 되기 전에 중도 해지하고 수익률이 높은 주식과 비트코인에 투자하는 사람들이 늘어났다. 개인이 자신의 상황에 맞게 적절한 상품을 선택하게 된다면 투자는 큰 가치를 창조한다.

이러한 개인의 합리적인 투자는 필요한 자금을 사회 곳곳에 적절히 공급하는 역할을 하므로 국가 경제 발전에도 크게 이바지한다. 그러나 종종 과도한 이익을 목표로 비합리적인 자금 운용을 하게 되는 경우도 있다. 이는 투자가 아니라 투기가 되어버린다. 투기는 기회를 틈타 큰 이익을 보려고 하는 행위로 위험성 또한 상당히 높아, 본인뿐 아니라 가족 전체에도 큰 피해를 끼칠 수 있다.

올바른 투자는 개인의 재산 증식에 도움이 될 뿐만 아니라 우리가 함께 살아가는 지역 사회에도 좋은 영향을 끼칠 수 있어야 한다. 따라서 투자 결과에 따른 변화에 대해서도 심도 있게 생각해볼 필요가 있다.

대표적인 투자 방식 중 하나인 주식은 주식회사가 발행한 출자 증권으로서, 주식회사는 주주들에게 자본금 명목으로 돈을 받고 그 대가로 주식을 발행한다. 기업에 대한 소유 지분권을 나타내는 증권이므로 소유자는 주주로서 회사의 중요 사항에 대한 의사 결정에 참여할 수 있다. 주식을 보유한 주주는 주식 보유 수에 따라 회사의 순이익과 순자산에 대한 지분 청구권을 갖게 되고, 이익이 발생하면 이익 배당 청구권이 생기며 회사가 유지하기 어려운 상황이 발생했을 경우 잔여 재산 분배 청구권을 행사할 수 있다.

보통 주식 투자를 통해 얻을 수 있는 수익에는 자본 이득과 배당금이 있다. 자본 이득은 주식의 가격이 변동하여 매매 차익이 발생하는 것을 말한다. 쉽게 말해서 저렴하게 사서 비싸게 팔았을 때 매매 차익이 발생하는 것이다. 또한 배당금은 기업에 이익이 발생해서 주주에게 나누어 주는 돈으로, 주식 회사는 보통 사업 연도가 끝나고 결산을 한 후에 주주들에게 배당금을 분배한다. 이 배당금을 받기 위해서는 기업에서 정하는 배당 기준일까지 주식을 보유하고 있어야 한다.

주식을 거래하기 위해서는 증권 회사 계좌를 개설해야 하며 영업점 방문, 전화, 온라인으로 거래가 이루어진다. 주식을 거래할 때 부과되는 매매 수수료는 증권사별로 달라서 수수료 면제가 되거나 할인되는 계좌도 있으니 확인하고 진행해야 한다. 매매 체결 방식은 가격 우선 원칙과 시간 우선 원칙을 적용하여 개별 경쟁으로 이루어진다. 매수* 주문은 가장 높은 가격을, 매도** 주문은 가장 낮은 가격을 우선적으로 체

....

* 　매수: 사는 것
** 　매도: 파는 것

결하고 똑같은 가격일 경우에는 시간상 먼저 접수된 주문을 체결하게 된다.

주문 자격은 원하는 매수나 매도 가격을 지정하여 주문하는 지정가 주문과 가격을 지정하지 않고 주문 시점에서 유리한 가격에 우선적으로 거래될 수 있도록 주문하는 시장가 주문이 있다. 보통은 지정가 주문만 이용하고 주가가 폭등할 때는 종종 시장가 주문을 이용하기도 하는데, 대부분은 지정가로 거래하는 것이 추세다.

증권플러스, 토스, 나무증권 어플을 이용해서 10년 동안 수익을 꾸준히 내고 있는 지인을 통해 몇 가지 조언을 들어보았다.

첫째, 최대 주주가 자주 바뀌는 회사는 거래하지 않는 게 좋다. 최대 주주 변경은 신규 자금 유입과 사업 확대 등에 따른 기대감으로 주가에 호재로 작용하지만 변경이 빈번하게 발생하는 회사는 경영 불안 가능성이 있기 때문이다.

둘째, 임직원의 횡령 배임 발생 여부를 확인해야 한다. 경영진 등의 횡령이 적발된 사실이 있는 경우 기업에 대한 신뢰도 저하, 내부 통제 취약에 따른 경영 악화로 이어질 가능성이 높기 때문이다.

셋째, 사모 방식의 자금 조달 비중이 큰 회사는 거래하지 않는 것이 좋다. 50인 미만의 개인과 법인에 자금을 조달하는 사모 방식의 자금 조달 비중이 큰 경우, 회사가 재무 상태 악화로 이어질 가능성이 높고 자금 조달에도 어려움이 있을 수 있다는 징후이기 때문이다.

주식 투자를 위한 기본적 분석의 핵심은 기업의 가치와 현재 주가를 비교하는 것이다. 기업 가치에 비해 낮은 저평가 주식은 매입*하고 기업 가치에 비해 높은 고평가 주식은 매도하는 것이 당연히 유리하다. 그러나 주가는 언제든 파악할 수 있지만 기업의 가치를 정확하게 측정하는 건 현실적으로 불가능하다. 결국 기업의 가치를 알아내기 위한 다양한 노력이 성공적인 투자와 직결되는 셈이다.

....

* 매입 : 사는 것

개인적으로는 발행 기업에 대한 재무 상태표, 손익 계산서, 경영 성과를 확인해보고 외부 감사인의 감사 보고서를 검토 후에 투자하는 게 좋다고 본다. 그리고 경제 신문에 반복적으로 등장하는 키워드를 확인하고 관련주를 찾는 연습을 하는 것도 좋다. 최근까지는 저탄소, 전기차, ESG 관련 종목이 올랐었지만 올해는 또 어떤 종목들이 오를지 모른다. 다만 전망 좋은 주식은 세계 경기나 흐름에 동참하는 분위기이므로 세계 경제의 흐름도 잘 파악해야 한다. 개인적인 생각으로는 우크라이나 전쟁과 미·중 갈등 심화로 국제 정세와 관련된 주나 식량, 에너지로 환경 문제 확대, 마이너리티 자기 고백, 미국 연방준비제도, 경기침체Recession 공포 등이 관심사로 계속 떠오르지 않을까 생각한다.

공부를 해도 잘 모르겠고, 주식으로 수익을 본 지인이 알려주는 종목도 불안하게 느껴진다면 펀드는 어떨까? 펀드는 여러 투자자로부터 자금을 모아 만드는 대규모의 기금이다. 이러한 자금을 자산 운용 회사가 주식 및 채권 등 유가 증권에 투자하고 그에 따른 성과를 돌려주는 방식으로 진행된다. 펀드는 적은 돈으로도 쉽게 투자할 수 있고 여러 종목에 분산하여 투자하기 때문에 위험성이 주식보다는 적다. 또한 주식과 채권 및 부동산에 전문 지식을 가진 펀드 매니저가 투자하고 운용하기 때문에 실패의 위험이 비교적 낮다고 볼 수 있다.

믿을 만한 투자 전문가가 있다면 펀드 투자를 하는 것도 고려해볼 만하다. 주식은 개인이 직접 주식 시장을 분석해서 뛰어들어야 하는 직접 투자이고, 펀드는 투자자로부터 투자금을 받아 전문가가 운용하는 간접 투자라고 이해하면 되겠다.

투자를 한다고 해서 예전처럼 컴퓨터 앞에 앉아 하루 종일 지켜봐야 하는 시대가 아니므로, 앱 스토어에서 앱을 다운받아 한 종목씩 도전해보면 재미를 느낄 수 있을 것이다. 대신 주식과 펀드는 원금 손실의 우려가 있기 때문에 무리하게 대출을 내서 투자하지 말고 잃어도 괜찮다고 생각하는 범위 내에 소액으로 투자하는 것이 바람직하다고 본다.

'High risk, High retun' 원칙을 되새기며 7가지로 정리해보자.

1. 주식과 펀드 상품의 내용을 알고 투자해야 한다.

2. 판매 보수, 판매 수수료 투자 비용이 저렴한 상품을 선택해야 한다.

3. 한곳에 집중하기보다는 분산 투자하자.

4. 투자를 한 이후에도 수익률을 확인하고 본인이 정한 시간대에 사후 관리를 지속적으로 해야 한다.

5. 원금을 전부 잃을 때에도 생활에 지장이 없도록 여유 자금으로 투자해야 한다.

6. 수익보다 중요한 위험 여부를 검토하자.

7. 손실이 나더라도 누구의 책임이 아니고 본인 책임임을 명심해야 한다.

성공적인 투자를 위해서는
자신의 투자 성향을 먼저 파악해야 한다.
주식과 코인, 부동산 등 각종 자산 가격이
급등락하기 때문에 변동성이 크고
위험한 자산 시장에는 무조건 성공이라는 단어는
존재하지 않는다는 걸 명심하자.

내 삶에 적용해 보기

◆ ◆ ◆

Money is not the only answer, but it makes a difference.

돈이 유일한 답은 아니지만, 돈은 차이를 만듭니다.

_버락 오바마 Barack Obama

최저시급과 근로자 연봉

2022년의 최저 시급은 9,160원, 최저 월급은 1,914,440원, 최저 연봉은 22,973,280원이다. 신규 채용 면접에도 올해 최저 시급이 얼마인지 묻는 기업이 많아지고 있다. 기업 입장에서는 평균 최저 임금이 계속 인상되기 때문에 회사 운영 차원에서 경영난을 겪는 경우가 많고, 간혹 폐업 신고에 이르기까지 한다. 그러다 보니 회사를 운영하는 입장에서는 직원의 근무 연수가 늘어난다고 해서 무작정 승진을 시킬 수도 없는 부분이 있다.

급여를 한번 올리기는 쉽지만 내릴 수는 없으므로 직원의 실력과 승진 시기의 회사의 수익 구조를 고려해서 진행되는 경우가 많다. 재무 상태표와 손익 계산서를 비교해보면 인건비가 가장 많은 손익으로 잡힌다. 하지만 결국 회사의 발전은 임직원들에게 달린 것이기에 폐업 위기가 아니라면 임금 삭감을 하는 것은 바람직하지 않은 일이다.

최저 시급이 오르면 인건비도 자연히 오르게 되고, 100명 이상의 급여가 지급되는 회사라면 그 비중이 작지 않을 것이다. 하지만 이와 대조적으로 사회 초년생으로 직장 생활을 시작하려는 청년들로서는 최저 시급이 올라서 조금이라도 많은 급여를 받기를 희망할 수밖에 없다.

구분	시급	인상률	급여
2022년	9,160원	5.0%	1,914,440원
2021년	8,720원	1.5%	1,822,480원
2020년	8,590원	2.9%	1,795,310원
2019년	8,350원	10.9%	1,745,150원
2018년	7,530원	16.4%	1,573,770원

※ 2023년 최저시급 9,620원(주 40시간 근무 시 주휴수당 포함 급여 200만원 예상)

2017년 정권이 교체되면서 최저 임금 10% 이상의 인상을 통해 10,000원을 달성하겠다는 공약이 나왔다. 그러나 2020

년 코로나19라는 국가 초유의 사태가 벌어지며 그 공약은 지킬 수 없게 되었다. 최저 시급은 최저 임금 위원회의 투표를 통해서 정해지는데 이 위원회는 근로자, 사용자, 공익 위원 27명으로 이루어져 있다. 작년 대비해서는 440원(5.0%)이 오른 셈이다.

최저 시급이 올랐으면 직장인 연봉도 어느 정도는 오를 것으로 기대하게 되지만 통장에 찍힌 숫자에서는 별다른 변화를 느끼지 못하는 경우가 많을 것이다. 납부해야 할 4대 보험과 소득세도 올랐기 때문에 플러스가 되는 부분만큼 마이너스가 적용되기 때문이다. 물론 근로자도 힘들지만 사업자는 더 힘들다. 부가 가치세와 임대료, 직원 월급까지 지출하다 보면 오히려 근로자의 입장을 부러워하게 된다.

내 주변의 직장인 심모 씨는 월 1,000만 원을 급여 통장에 받는 것이 목표라고 한다. 연봉이 1억 원을 넘으면 가능할 거라고 짐작할 수 있지만 실질적으로 월 1,000만 원을 꾸준히 받으려면 근로자 연봉이 그 이상으로 높아야 한다. 근로자 연봉의 실수령액은 급여 총액에서 4대 보험(국민연금+건강 보험+장기 요양 보험+고용 보험)과 소득세(근로 소득세, 지방 소득세)

를 제외하고 통장에 입금되는 구조이기 때문이다.

국민연금은 4.5%, 건강 보험료는 3.495%, 장기 요양은 11.52%, 고용 보험은 0.8%를 적용하는데, 근로자일 경우 국민연금과 건강 보험료를 회사에서 50%, 본인이 50%를 부담한다.

연봉	매년 실수령액	매월 실수령액
2천만 원	17,998,920원	1,499,910원
3천만 원	26,691,000원	2,224,250원
4천만 원	34,734,000원	2,894,500원
5천만 원	42,334,320원	3,527,860원
6천만 원	49,855,080원	4,154,590원
7천만 원	57,485,160원	4,790,430원
8천만 원	64,173,000원	5,347,750원
9천만 원	71,188,560원	5,932,380원
1억 원	78,263,880원	6,521,990원

개인적으로는 이미 30대에 연봉 1억 원이 넘는 신의 직장에서 근무하고 있는 한 선배를 무척 부러워했다. 단순히 급여를 많이 받는 것을 넘어서, 회사에서 그만큼 인정받고 있다

고 느낄 수 있는 지표가 직책과 연봉이라고 생각하기 때문이다. 〈미생〉에서 파격적인 인사를 감행했던 사장의 명대사가 생각난다. "직장인이 봉급하고 때에 걸맞은 승진 아니면 뭐로 보상받겠나?" 진정한 장수는 자신의 가치를 진정으로 인정해주고 대우해주는 군주에게 목숨을 바치는 법이다.

나는 돌고 돌아서 드디어 대표 리더, 업무 적성, 동료의 3박자가 골고루 들어맞으면서도 내가 갖춘 능력 이상의 연봉을 책정해 지급해주는 회사에 근무하고 있다. 사실 직장 생활을 하면서 만족을 넘어 감사함을 품고 근무하기는 쉽지 않은 일이다.

임금과 물가가 서로 영향을 주고받으며 올라가는 현상을 경제학에서 나선효과Spiral Effect라고 한다. 물가가 오르면 생활이 어려워지다 보니 근로자와 노동조합은 기업에 임금 상승을 요구하게 된다. 근로자의 요구대로 임금을 올리면 기업은 인건비 부담을 소비자에게 전가하기 위해 상품의 가격도 같이 올리게 되고, 이를 통해 물가는 더욱 상승한다. 물가 상승 ▸ 임금 상승 ▸ 물가 추가 상승의 악순환이 일어나는 것이다. 이처럼 임금과 물가가 마치 소용돌이 모양의 곡선처럼 서로

앞서거니 뒤서거니 하며 오르는 모습 때문에 나선 효과라고
한다.

　기업이 수익도 많이 나고 소위 잘나갈 때는 직원 급여를 올
려줘도 이익을 냈기 때문에 큰 문제가 없지만, 조직이 비대해
진 상황에서 경기가 악화되면 이미 올린 임금이 부담으로 작
용한다. 물가를 정하는 기업이나 급여를 받아들이는 근로자
가 합리적으로 연봉 협상을 해서 서로 만족할 수 있는 결과가
나오는 것이 최선일 것이다.

생각 열기

2022년에 최저 임금이 5.1% 인상되었다.

시급은 9,160원이 되었고

최저 월 급여는 1,914,440원이며

연봉은 22,973,280원으로

거의 2,300만 원에 이르게 되었다.

연봉 실수령액 = 급여 총액 - 4대 보험 - 근로 소득세

▷ 4대 보험:
국민 연금 + 건강 보험 + 장기 요양 보험 + 고용 보험

▷ 근로 소득세:
근로 소득세 + 지방 소득세

금융을 말하다

내 삶에 적용해 보기

"   "

Rich people focus on opportunities.
Poor people focus on obstacles.

부자들은 기회에 집중하지만
가난한 사람들은 장애물에 집중합니다.

_하브 에커Harv Eker

대출을 받고 싶어요

대출은 금융 기관으로부터 돈을 빌리는 것을 말하는데, 이는 담보 대출과 신용 대출로 나뉜다.

담보 대출을 받을 때는 본인이 소유한 재산을 평가해서 평가 금액의 70% 이내로 지급받을 수 있다. 담보 물건의 종류에는 아파트, 연립, 다세대, 다가구, 오피스텔, 근린 시설(주상 복합), 근린 상가 주택, 근린 시설(상가 점포), 숙박업소, 공장, 주유소, 주차장, 기성고, 종교 건물, 분양권, 업무 시설, 전, 답, 나대지, 임야, 과수원, 잡종지, 전세권, 자동차, 건설 기계, 선박 등이 있다.

일반적인 아파트 대출은 본인이 1가구이고 아파트로 대출을 낼 경우 LTV(주택 담보 대출 비율)를 70%로 해서 KB시세 일반 평균가로 적용한다. 그리고 본인이 실제 매매하는 금액과 비교해서 둘 중에 적은 금액으로 대출 가능 금액을 산출할 수 있다. 경북 지역의 아파트가 KB시세 일반 평균가 5억 원, 실제 매매 금액이 4억 원이라면 내가 대출을 낼 수 있는 금액은 4억 원×70% - 소액 보증금(2천만 원)=2억 6천만 원이 되는 것이다. 소액 보증금은 지역마다 조금씩 차이가 있다.

지역	임차인 보증금 범위	소액보증금
서울특별시	1억 5천만 원 이하	5,000만 원
세종특별자치시, 용인시, 화성시 및 김포시	1억 3천만 원 이하	4,300만 원
광역시, 안산시, 광주시, 파주시, 이천시 및 평택시	7,000만 원 이하	2,300만 원
그 밖의 지역	6,000만 원 이하	2,000만 원

부동산 조정 대상 지역의 주택 담보 대출은 50%로 적용되고, 2가구라면 40%가 적용되어 대출 가능 금액이 산출된다. KB시세로 조회되지 않는 오래된 아파트는 국토교통부 실거래가 공개 시스템에서 토지와 주택이 실제로 거래된 가격이

명시되어 있는 금액으로 산출한다.

1층 상가(음식점), 2층 상가(커피숍), 3층이 주택이고 매매 가격이 10억 원인 상가를 매입하려고 한다면 10억 원×70% - 소액 임차 보증금(4천만 원)=6억 6천만 원을 대출 가능 금액으로 생각할 수 있다. 또한 1층에서 3층까지 원룸(18가구)을 10억 원에 매입하려고 한다면 10억 원×70% - 소액 임차 보증금(3억 6천만 원)=3억 4천만 원이 대출 가능 금액이 될 것이다.

그럼 좋은 물건이 하나 있다고 상가 매매를 추천받았다고 가정해보자. 1층 음식점(보증금 2천만 원), 2층 사무실(보증금 5백만원), 3층 투룸(보증금 1천만원)과 쓰리룸(3천만원), 4층 투룸(보증금 2천만 원)과 쓰리룸(4천만원)인 4층 상가이다. 7억원에 매매 제의가 들어오면 대출가능 금액은 얼마일까?

경북 칠곡군 건물이라고 했을 때 상가의 소액 임차 보증금은 1천만 원이고 주택은 2천만 원이다. 일반적으로 소액 임차 보증금을 차감한 금액만을 대출가능금액이라고 생각하는데 이 경우에는 보증금을 확인해서 둘 중에 큰 금액을 차감하고 대출가능금액이 산정된다.

소액임차 및 보증금		
1층	2,000만 원	상가
2층	1,000만 원	상가
3층	2,000만 원	주택
	3,000만 원	주택
4층	2,000만 원	주택
	4,000만 원	주택
합계	1억 4천만 원	

7억 원 × 67% - 1억 4천만 원 = 3억 2천 9백만 원

(근린상가주택은 LTV 낙찰가율 67% 적용)

3억 3천만 원정도 대출 가능금액에서 좀 더 대출을 받고 싶으면 LTV상향 조건을 확인하면 된다. 신용등급 우수, 전액분할상환, 상업지역 내 3층 이상인 건물 중 1층에 위치한 개별 등기된 집합일 경우에는 최고 10%까지 상향할 수 있다.

위에 설명한 대출 금액은 대략적인 계산 방법이므로 정확한 금액을 산출하기 위해서는 매매 계약서와 소득 증빙 서류, 신분증을 지참해서 금융 기관에 방문해 상담을 진행해야 한다. 대출 금액이 5억 원을 초과하면 외부 감정 평가 법인에 의

뢰해서 감정해야 하고, 이하 금액이라면 자체 감정을 할 수 있다.

자체 감정 방법으로는 표준지 공시 지가 기준법, 거래 사례 비교법(토지), 개별 공시 지가 기준법, 매매 계약 금액, 분양 계약 금액, 경락 잔금 대출 평가 방법, 외부 감정 평가서로 이루어진다.

토지는 표준지 공시 지가 기준법(공시 지가의 표준이 되는 지가를 선정하여 평가한 해당 지역의 토지값)을, 건물은 복성식 평가법(가격 시점에서 대상 물건의 재조달 원가에 감가 수정을 하여 산출)을 적용하는 게 일반적이다.

구분	표준공시지가	개별공시지가
주체	국토교통부 장관	시·군·구청장
공시	매년 2월 말	매년 5월 31일까지
평가 방식	거래사례비교법(원칙), 수익환원법, 원가법	토지가격비준표 적용
효력	토지거래의 지표, 개별토지의 산정 기준, 토지시장의 지가 정보 제공, 보상금 산정	국세 및 지방세의 기준, 각종 부담금의 부과 기준, 국·공유재산 사용료, 대부료 산정을 위한 토지 가격

주택 담보 대출을 받을 경우에 필요한 서류는 인감 증명서 2통, 초본 2통(전 주소 포함), 등본 1통, 납세 증명원, 지방세 완납 증명서, 근로자일 경우에는 재직 증명서, 사업자일 경우에는 사업자 등록증, 소득을 확인할 수 있는 증빙 서류(원천 징수 영수증 최근 2년치, 건강 보험료 납부 최근 3개월치, 소득 금액 증명원, 부가 가치세 과세 표준 증명 혹은 부가 가치세 면세 사업자 수입 금액 증명), 전입 세대 열람, 등기필증, 인감도장, 신분증이다.

담보 대출이라고 하더라도 물건보다 채무자의 재정 상황을 확인하고 그 사람을 평가해서 대출 지급 여부를 심사하는 은행들이 많아졌으므로 평소에 신용 관리를 잘해야 필요할 때 대출을 낼 수 있을 것이다.

근로자일 경우 회사에 재직 증명서와 원천 징수 영수증을 요청하는 것이 어려울 수 있다. 그럴 경우는 건강 보험 공단에서 건강 보험 자격 득실 확인서(전체)를 출력하면 회사명과 입사 연월일이 나온다. 또한 건강보험료 최근 납부 3개월치를 출력하면 소득이 얼마인지도 확인이 가능하다.

소득 환산

ex. 22년 1월분 61,000원, 22년 2월분 62,000원,
22년 3월분 63,000원의 납부 내역이 있는 경우는
[{(61,000원+62,000원+63,000원)÷3}÷3.495%]
×12개월 = 21,287,550원이 대략적인 연봉으로 추정
된다.

이제 대출을 낸다고 가정하고 몇 가지 주의 사항을 살펴보
겠다.

첫째, 이자율과 대출 가능 한도는 대출의 핵심이라고 볼 수
있다. 은행별로 신용 한도를 정해 놓고 그 범위 내에서 대출
금액이 산정된다. 담보 대출 실행 후 중도에 해지를 하게 되
면 3년 이내 2%까지 중도 상환 수수료가 발생할 수 있다. 따
라서 대출 필요 금액보다 불필요하게 과한 금액을 대출받을
필요는 없다는 것이다.

둘째, 대출 상환 방식을 설정해야 한다. 만기 일시 상환과
원금 분할 상환 방식이 있는데, 만기 일시 상환은 3년, 5년 기
간 동안 대출 이자만 납입하다가 만기가 도래하면 전액 상환

을 하거나 혹은 기한 연장을 하는 것이다. 원금 분할 상환은 대출금 전액을 최고 30년까지 분할 상환해서 원금과 이자를 함께 갚아나가는 방식이다. 개인적으로는 원금 분할 상환을 추천한다. 원금을 조금씩 상환하므로 이자 부담도 시간이 지나면서 조금씩 줄어들 수 있기 때문이다.

셋째, 이자를 조금이라도 감액받을 수 있는 조건을 확인해서 대출금을 지급받기 전에 요건을 충족하는 것이 좋다. 대출받고자 하는 은행에 공과금 자동 이체, 급여 자동 이체, 체크카드 발급, 화재 보험 가입 등의 요건을 충족해서 대출 금리이자를 줄이면 좋을 것이다. 신용 대출일 경우에는 대출받고자 하는 금융 회사와의 거래 실적에 따라 금리가 산출되므로 주거래 은행에서 상담받는 것을 권장한다.

넷째, 대출을 받을 때 은행권에서는 주로 COFIX 또는 내부 기준 금리를 적용하고 고정 금리와 변동 금리로 실행된다. 만약 고정 금리 5%, 변동 금리 4.5% 둘 중에 선택한다면 현재 추세로는 고정 금리로 실행하는 것이 채무자에게 유리하지 않을까 생각한다.

알기 쉬운 금융상식

구분	의의
대출금리	· 기준금리 + 가산금리
기준금리	· 내부기준금리: 동류그룹 또는 개별금고의 수신금리(신규기준, 잔액기준) 등을 고려하여 자체적으로 산정한 기준금리로서 일반형 및 시장연동형으로 나누어짐 · 시장연동금리: CD(CD유통수익률의 최근 30일 평균 금리), COFIX(잔액기준 및 신규기준), 금융채AAA, 국고채 중 하나를 선택하여 사용 · 수신금리연동제금리: 담보 예·적금의 수신금리와 연동하는 금리
가산금리	· 거래자의 신용도 및 기여도, 여신기간, 기업규모 등을 감안하여 산출 요소별로 기준금리에 가산하는 금리 · 위험프리미엄, 유동성프리미엄, 신용프리미엄(예상손실률), 자본비용률, 여신업무원가율, 법적비용률, 여신목표이익률, 우대금리, 전결금리로 구성됨
협약금리 (확정금리)	· 정책자금 및 보증기금 등의 기관이 보증하는 대출 등 별도의 규정 또는 협약에 의하여 금리를 정한 경우나 특정단체 협약보증대출, 직장금고 노사협약에 의한 지원 대출 등과 같이 여신금리가 정하여진 경우의 금리
연체금리	· 연체대출에 대해 적용하는 금리

　　다섯째, 담보가 없고 신용 대출도 불가능하다면 카드론으로 가기 전에 정책 자금 가능 여부를 확인해보자. 근로자일 경우 서민 금융 진흥원의 햇살론(근로자) 대출과 사잇돌 대출이 가능하고, 사업자일 경우 지역 신용 보증 재단 햇살론(기

업)과 지역 특례 보증 대출을 심사받을 수 있다. 예전처럼 담보 물건만을 보고 대출을 지급해주지 않기 때문에 소득 증빙이 가능한 서류가 있어야만 한다.

정부는 LTV*와 DSR**에 대한 규제로 담보 가치와 고객의 상환 능력보다 과도한 주택 담보 대출을 억제하고 있다. 투기 과열 지구의 LTV는 9억 이하 40%, 9~15억 20%이고, 15억 이상은 주택 담보 대출이 불가능하다. 조정 대상 지역의 LTV는 9억 이하 50%, 9억 초과 30%로 취급할 수 있다.

요즘과 같이 대출 규제가 심한 시기에는 가계 자금과 기업 자금 외에도 다양한 대출이 실행된다. 중도금 대출은 건설사와 특정 은행이 맺은 계약에 따라 대출이 이뤄지기에 해당 은행에서만 대출을 받을 수 있는데 특히 아파트에 들어가고 싶

....

* LTV : 주택을 담보로 은행에서 대출을 받을 때 해당 주택의 담보 가치에 대한 대출 취급 가능 금액의 비율
** DSR : 주택을 담보로 대출을 내려고 할 때 고객의 부채 부담 능력을 측정하는 지표
(DTI : 총부채 상환 비율로 개인의 상환 능력을 소득으로 따져 대출 한도를 정한 비율)

알기 쉬운 금융상식

은 신혼부부에게 좋은 상품이다. 이주비 대출은 조합원의 이주를 지원하기 위한 것으로, 시공사 주선으로 은행이 재건축 대상 토지를 담보로 대출을 진행하며 광역시에서 활발히 이루어지고 있다.

관리형 토지 신탁 사업비 대출은 사업 시행사 측에서 분양 보증 전에 관리형 토지 신탁을 체결하여 분양 보증 요건을 맞춰 진행하는 경우와 분양보증을 받을 때 필요조건으로 HUG의 요구에 따라 신탁 회사와 신탁 계약을 체결하게 되는 경우가 있다. 사업비 조달 책임이 누구에게 있느냐에 따라 관리형 토지 신탁(신탁 회사: 사업 주체, 사업자 조달 책임: 위탁자), 차입형 토지 신탁(신탁 회사가 사업 주체가 되고 사업자 조달도 신탁 회사가 부담)으로 나뉜다.

본 PF 대출은 시행사에서 사업 계획서를, 시공사가 사업 참여 의사를 확인하는 '의향서'와 땅을 팔겠다는 땅 주인의 토지 매매 계약서를 제2금융권에 제출한다. 제2금융권에서는 사업 타당성을 심사해서 수익성이 있다고 판단했을 때 계약금과 사업비를 대출해준다. 시행사는 이 금액으로 땅 주인과 매매 계약을 한 후에 다시 사업 계획서와 함께 토지 매매 계약서, 공사 도급 계약서를 첨부해서 제1금융권에 사업 타당성을 심사받아 운영하게 된다. 부동산 PF는 아파트, 오피스텔, 상가 등을 짓는 개발사업의 기대 수익을 보고 담보 없이 사업비를 빌려주는 투자 기법이다.

브릿지 대출은 부동산 개발 업체나 주택 사업자가 금융 기관으로부터 장기 차입을 할 때 도입 시기와 실제 자금이 필요한 시점이 일치하지 않아 단기로 자금을 차입하는 것을 말한다. 부동산 경기가 침체되는 가운데 공동대출 취급은 위험성이 커서 점점 은행권 취급이 줄 것이고 가계, 기업자금대출에 집중할 것으로 예상된다.

은행에서는 대출 실행 시 변동 금리 유형 중에서 몇 가지를 설명해준 뒤 채무자가 선택하도록 하기도 한다.

구분	의의
변동금리	채무의 이행을 완료할 때까지 약정에 의해 그 율을 변경할 수 있는 금리
고정금리	채무의 이행을 완료할 때까지 약정에 의해 그 율을 변경할 수 없음을 원칙으로 하는 금리
혼합금리	변동금리 대출 중 약정시점부터 일정기간 동안 금리를 고정으로 운영한 후 변동하는 금리

알기 쉬운 금융상식

개인적으로는 금리가 오를 때 금리 변동형 대출을 받으려면 상대적으로 금리 상승분이 늦게 반영되는 신 잔액 코픽스를 선택하는 것이 유리할 수 있다고 본다.

코픽스는 SC제일은행, 신한은행, KEB하나은행, NH농협, IBK기업은행, KB국민은행, 시티은행의 8개 은행이 조달한 자금의 가중 평균 금리로 정기 예금과 정기 적금, 금융채 등 은행의 주요 수신 상품 금리를 반영해 결정된다.

대출 금액이 많고 상환 기간이 긴 주택 담보 대출이 코픽스에 연동된 경우가 많다. 코픽스의 경우 신규 취급액과 신 잔액의 두 가지로 나뉘는데, 신규 취급액 코픽스는 공시 전 한 달 동안 은행이 신규로 취급한 수신 상품을 기준으로 산출하기 때문에 금리 상승분이 빠르게 반영된다. 반면 신 잔액 코픽스는 신규 취급액이 아니라 전체 금융 상품의 잔액을 기준으로 산출되며, 이율이 0.05%인 요구불 예금 결제성 자금까지 포함되기 때문에 신규 취급액 코픽스보다 금리 인상 속도가 늦다.

구분	발표기관	내 용
COFIX	은행연합회	8개 은행의 자금조달 관련 정보를 기초로 산출되는 자금조달비용지수
CD금리	한국금융투자협회	은행이 발행하는 무기명 유가증권인 양도성예금증서의 금리
금융채	신용평가회사	시중은행 및 금융회사가 발행하는 무담보 채권금리
KORIBOR	은행연합회	국내 은행 간 대차시장에서의 단기기준금리

끝으로 대출을 취급하는 담당자에게도 몇 가지 전하고자 한다. 동일인 한도나 대출 가능 금액을 초과하여 취급하는 행위나 근로자(햇살론)와 같이 소득 계산, 재직 여부 확인 등 수시로 변경되는 규정을 숙지하지 못해서 면책되는 행위를 해서는 안 된다. 대출 감정을 할 때는 이 물건이 경매에 넘어갔을 때 담당자인 내가 낙찰받을 정도의 값어치가 있는지를 생각해보고 진행하자.

감정을 할 때에는 최근 2년 이내 3개 이상의 객관적인 근거 사례 없이 매매 거래 가액으로 감정하는 행위를 삼가고 임야를 담보로 할 경우 개별 공시 지가 기준법이나 외부 감정 평가

로만 적용하자.

가계 대출을 취급하고 싶지만 DSR을 초과해서 기업으로 취급할 때도 사용 용도를 명확히 증빙할 수 있는 서류를 첨부해 두고 정책 자금은 초본(전 주소 포함)과 가족 관계 증명서를 주의 깊게 살펴보면 조금이나마 도움이 될 것이다. 주소를 빈번하게 옮겼거나 가족 없이 혼자 증명서에 나오면 사고 가능성이 높다고 보면 된다. 담보 물건으로 대출을 내주면 경매를 진행해서 배당금을 수령하면 되겠지만 신용 대출은 100% 떼이는 돈이다.

대출을 취급하는 담당자들은 사람을 이른 시간에 파악할 수 있는 능력을 키워야 한다. 현재 상황이 어려워져 개인 회생에 들어가더라도 빌린 돈은 상환하는 채무자도 간혹 있다. 그만큼 사람을 잘 봐야 한다. 회사 돈으로 돈을 빌려주는 행위이기 때문에 내 돈을 빌려준다고 생각해야 하고, 정상적인 상환이 이루어지도록 해서 회사에 피해를 주지 않으려는 자세가 중요하다.

이런 위험을 감소하기 위해서 전체적인 여신 포트폴리오를 짜고 담보 물건에 따른 적정 비율을 유지하는 것이 좋다. 부동산 담보 신탁, 관리형 토지 신탁, 신용 대출, 주택, 비주택 (근린 상가, 공장, 나대지 등)의 대출 건수와 전체 비율을 관리하다 보면 한쪽으로 치우쳐서 사고가 났을 때 그 위험을 조금이라도 줄일 수 있다. 사실 여신업무가 공부해야 하는 것도 많고 규정도 수시로 바뀌며 차후에 문제가 될 수도 있다는 위험부담이 있어 많은 직원들이 꺼린다. 하지만 신용대출은 은행 전산으로 신용평가 후 가능금액 한도 내에서 실행하고 담보대출은 감정평가만 원리원칙대로 해서 법무사를 통해 근저당권 설정만 제대로 해두면 문제 될 것은 없다. (자필서명, 제반서류 첨부와 규정준수는 기본) 감정평가를 객관적으로 했고 부실채권으로 넘어갔을 때 본인이 이 물건을 매매하겠다고 생각할 정도로 담당자가 대출을 내준다면 문제가 발생할 확률은 줄어들 것이다.

채무자의 상황 악화로 대출상환이 어려워지는 경우가 발생하더라도 공매나 경매, 자산매각을 통해 원금을 회수하는 데 총력을 기울이면 될 것이다. 금융 직원의 핵심 역량은 안정적인 신규 대출을 계속 가져오며 한편으로는 연체되는 채권 관리를 통해 채권 회수를 잘하는 것이라고 본다. 대출 업무 팀장은 그만큼 업무량이 많지만 회사에서는 꼭 필요한 인재이기 때문에 자부심을 가지고 일하길 바란다.

대출은 잘못 이용하면 빚이지만
잘 활용하면 자산을 늘리는 훌륭한 도구이다.
자신이 부담할 수 있는 한도 내에서 대출을 받으면
오히려 자산을 불리는 데 유용하다.
평소 자신의 신용 점수를 잘 관리하고 자신의 상황에
가장 유리한 대출 상품을 찾는 노력이 필요하다.

▷ 일반담보대출 금리: 7.3% ~
▷ 학자금대출 금리: 1.7% ~
▷ 디딤돌대출 금리: 2.15% ~
▷ 보금자리론 대출 금리: 4.15% ~

내 삶에 적용해 보기

66

66

알기 쉬운 금융상식

• • •

Rich people believe "I create my life."
Poor people believe "Life happens to me."

부자들은 "나는 내 인생을 창조한다"라고 믿지만
가난한 사람들은 "내 인생이 내게 일어난다"라고 믿는다.

_하브 에커Harv Eker

보험의 올바른 이해

보험의 사전적 의미는 재해나 각종 사고가 일어날 경우를 대비해서 미리 일정한 돈을 함께 적립해 두었다가, 사고를 당한 사람에게 약관에서 명시한 금액을 주어 손해를 보상해주는 제도이다.

병원비에 대한 부담이 없고 개인 주치의도 두고 있는 재벌이라면 보험의 가입 필요성을 느끼지 못할 것이다. 또한 먼 친척에게 사망 시에나 보장받을 수 있는 실적 위주의 상품을 가입했다가 큰 손해를 입은 경험이 있는 분들은 보험 자체에 거부감을 갖기도 한다. 하지만 일반적인 경우에는 살아가면서 어떤 일이 생길지 모르기 때문에, 전문가를 통해 본인에게 맞는 상품을 상담받고 위험에 대한 사전 대비를 하는 것을 권장한다.

　보험에는 크게 보장성 보험과 저축성 보험이 있다. 보장성 보험은 말 그대로 보장을 받기 위해 가입하는 것으로, 주로 실손 의료비(갱신), 암 보장, 뇌혈관 질환, 허혈성 심장 질환, 입원비, 수술비, 치매와 간병비, 운전자 보험 등을 준비해두는 것이 좋다. 일반적인 가입 순서는 실손 의료비→3대 질병→종합 수술비→후유 장해→종신 순이다.

　실손 의료비는 급여 항목 80%, 비급여 항목 70%를 제외하고 실제 사용한 의료비를 돌려받을 수 있다. 병원에서 치료받고 계산할 때 영수증을 보면 좌측에 급여, 우측에 비급여라고 표기되어 있는 것을 확인할 수 있을 것이다.

　입원 시에는 하나의 상해 및 질병당 5,000만 원 한도에서 보장이 되고 통원 및 외래는 방문 1회당 25만 원, 처방전 1회당 5만 원 한도로 보장을 받을 수 있다. 또한 비급여 도수 체외 충격파 치료는 연간 350만 원(50회 한도), 비급여 주사료는 연간 250만 원(50회 한도), 비급여 MRI/MRA는 연간 300만 원으로 보장받을 수 있다.

실손 의료비는 보험 회사별 보장 내역이 같아서 월 납입액이 저렴하고 보상 청구가 편리한 회사를 선택해서 가입하면 된다.

2010년 이전에 가입했던 실손 의료비는 한의원에서 치료 목적으로 한약을 처방받고 상해(S코드)를 치료 중이면 약을 처방받은 부분까지 지급받을 수 있었고, 도수 치료 또한 치료 목적이 확인되면 횟수 제한 없이 보장이 가능했다. 되도록 예전 상품을 유지하되, 보험 전문가의 상담을 통해 리모델링을 받으면 월마다 납부해야 하는 보험비 부담을 줄일 수 있을 것이다.

실제로 주계약은 사망 담보로, 특약은 실손 의료비로 가입한 상품에서 10만 원 이상 납부하던 고객이 착한 실손으로 전환하면서 보험료를 6만 원가량 줄인 경우가 있었다. 또 뇌출혈과 급성 심근 경색증만 보장하는 상품을 가입했던 고객이 뇌혈관 질환과 허혈성 심장 질환을 추가로 가입해 보장 폭을 넓히기도 했다.

흔히 3대 질병이라고 하는 암, 뇌혈관 질환, 허혈성 심장 질환은 비용이 많이 들어가는 질병인 만큼 진단비를 보장해주는 상품에 가입해두는 것이 좋다. 다만 암 보장이 1억 원까지 가능하다고 해서 모든 암에 대해 1억 원이 지급되는 건 아니라는 점을 유념해야 한다.

고액암	일반암	소액암	유사암
백혈병	대장암	유방암	갑상선암
뇌암	위암	자궁암	경계성종양
골수암	폐암	방광암	기타피부암
-	간암	전립선암	제자리암

상기 내용은 보험사 상품에 따라 상이할 수 있다. 소액 암이나 유사 암도 일반 암으로 취급하여 보장해주는 상품이 좋으니 금액이 부담되지 않는 선에서 5천만 원 이상 보장 상품을 가입해두자. 또한, 원발·전이·재발을 보장해주는 재진단 암과 항암약물치료의 부작용을 최소화한 표적 항암치료를 추가해서 암에 대한 보장을 좀 더 넓게 준비해두는 것이 좋다.

기존에 가입했던 증권을 살펴보면 뇌출혈, 급성 심근 경색만 3천만 원을 지급받게 되어 있는 경우가 많다.

　뇌출혈에 가입해뒀을 때 보장받을 수 있는 범위가 제한적이기 때문에 추가해두는 것이 좋다. 뇌졸중은 뇌경색(혈관이 막히는 병)과 뇌출혈(혈관이 터지는 병)을 보장하는데, 보상 청구를 확인해보면 혈관이 터지기보다는 막혀서 청구하는 경우가 훨씬 많다. 뇌출혈만 가입해두기보다는 뇌경색까지 보장받는 것으로, 더 나아가 뇌혈관 질환 전체가 보장받을 수 있도록 가입해두자.

질병명(코드)	뇌혈관질환	뇌졸중	뇌출혈
지주막하출혈(I60)	○	○	○
뇌내출혈(I61)	○	○	○
비외상성 두개내출혈(I62)	○		○
뇌경색증(I63)	○	○	
뇌졸중(I64)	○		
뇌전동맥의 폐쇄 및 협착(I65)	○	○	
대뇌동맥의 폐쇄 및 협착(I66)	○	○	
뇌혈관 질환(I67)	○		
뇌혈관장애(I68)	○		
뇌혈관질환의 후유증(I69)	○		

허혈성 심장 질환은 주로 협심증을 보장받기 위해 가입한다. 상당수의 고객이 급성 심근 경색증만 보장받을 수 있는 상품을 선택한 경우가 많은데, 그 범위를 넓히기 위해 허혈성 심장 질환을 추가적으로 가입해두는 것을 권한다.

질병명(코드)	허혈성심장질환	급성심근경색증
협심증(I20)	○	
급성심근경색증(I21)	○	○
후속심금경색증(I22)	○	○
특정 현존 합병증(I23)	○	○
급성 허혈성심장질환(I24)	○	
만성 허혈성심장질환(I25)	○	

보험은 결국 확률 싸움인 셈이다. 되도록 보장받을 수 있는 범위를 넓게 준비해둬야 필요한 순간에 금전적 도움을 받을 수 있다.

치매의 경우에도 예전 상품에서 중증 치매 진단비로 가입해둔 고객이 대부분이다. CDR 척도를 통해 지급 여부가 결정되는데, 경도 치매일 때에도 지급받을 수 있는 상품을 선택하

치매	발생확률
경도치매	41.4%
중등도치매	25.7%
최경도치매	17.4%
중증치매	15.7%

는 것이 당연히 더 좋다.

추가적으로 간병비가 지급되는 상품과 장기 요양 상태일 경우 지급되는 특약도 추가해두자. 치매는 완치가 불가능해 계속해서 의료비가 들어가게 되고, 대부분의 치료는 악화를 막는 정도이기 때문에 치료비보다 간병비를 준비해야 한다. 주계약 별개로 특약에 간병인을 부르면 지급받을 수 있는 부분도 있으니 확인해보자.

운전자 보험은 민식이법이 적용되면서 기존에 가입해둔 상품에서 필수로 해당 사항을 추가해야 한다. 보험 회사에 문의하여 민식이법이 적용될 수 있도록 운전자 보장 내용을 확인하고 상담을 요청하자. 더불어 가족 동승 자동차 사고 부상(1~11급) 특약과 자동차 사고 벌금(대물) 특약도 추가해서 보

필수 특약명	가입금액
변호사선임비용	5천만 원
교통사고처리지원금	2억 5천만 원
자동차사고벌금(대인)	3천만 원
자동차사고벌금(대물)	5백만 원

장 범위를 넓히면 좋겠다.

자동차 보험과 운전자 보험을 혼동하시는 분들이 간혹 있
다. 자동차 보험은 본인의 차량으로 남에게 피해를 준 경우
이를 보상하는 보험이고 운전자 보험은 운전할 때 발생하는
본인의 신체적 피해와 법적 비용을 보상받는 보험이다. 자동
차 보험의 보험료는 가입자의 나이와 차종, 운전 경력으로 산
출되고 다이렉트가 저렴하다.

또한 보험료의 환급이 0%이므로 주행 거리로 환급받는 마
일리지, 어린 자녀를 둔 운전자 할인 등 환급이 조금이라도 가
능한 특약 사항을 확인해서 보험료를 돌려받도록 하자. 운전
자 보험이 없다면 요즘 트렌드에 맞게 20년 만기 혹은 100세
만기로 준비를 해두어야겠다.

수술비는 1년에 1번 이상은 보상받을 수 있는 부분이기 때문에 보상 범위를 넓게 해서 가입해두자. 보험 회사의 약관별로 지급 금액에는 차이가 있고 1종은 10만 원에서 30만 원, 5종은 300만 원에서 900만 원까지 지급된다. 정확한 지급 금액을 확인하기 위해서는 병원에서 시술이 아닌 수술을 받고 진단명과 진단 코드가 확인되는 서류를 첨부해야 한다. 입원비 특약은 가입하지 않아도 된다.

1종 수술	치질, 백내장, 요실금, 하지정맥술, 축농증, 제왕절개, 계류유산, 코골이
2종 수술	맹장염, 요로결석, 자궁적출술, 중이염, 대장용종, 담석
3종 수술	암 방사선 치료, 녹내장, 디스크, 갑상선수술, 관상동맥 성형수술
4종 수술	위 절제술, 혈관관혈 수술
5종 수술	암수술, 장기이식수술, 개복수술

일반적인 직장인들이라면 월급을 받으면서 내 집 마련에 자동차를 구매하는 것도 버거운 일이다. 더욱이 자녀의 결혼이나 부모님의 칠순까지 대비해 여유 자금을 모아두기는 더 어려울 것이다. 그래서 미리 목적 자금에 맞는 장기 저축을 가입해서 목돈이 들어가는 시점을 준비하는 것이 좋다.

어린 자녀가 있다면 학자금 보험을 추천한다. 자녀가 중학생, 고등학생, 대학생 때 선이자가 지급되고 자녀 결혼 시점인 30살에는 납입했던 보험료를 100% 돌려받을 수 있는 상품이다. 아동 수당을 받는 어린 자녀가 있으면 1년 단위로 가입하는 '우리아기첫걸음' 적금과 더불어 복리 이자와 비과세 혜택을 동시에 누릴 수 있는 학자금 보험을 나누어서 가입하자.

부모님을 위해서는 '효드림보험'을 추천한다. 부모님께서 칠순 축하금, 팔순 축하금을 받고 90세 되는 시점에는 납입했던 보험료를 100% 돌려받을 수 있는 상품이다. 축하금이 아니더라도 장례 비용, 제사 비용, 추모 비용도 지급받을 수 있는 부분이 있으니 미리 준비하면 좋을 것이다.

인기 있는 저축 상품으로는 비과세 저축 보험이 있다. 5년 납 10년 만기, 10년 납 10년 만기로 가입해서 비자금이나 목돈 마련을 할 수 있는 상품이다. 최저 보증 이율을 보장하며 공시 이율이 오르면 수익적인 부분에서도 괜찮고, 복리로 계산되기 때문에 만기 시에 수령액이 크다. 10년 만기로 하게 되면 세금이 없어서 5천만 원 만들기, 1억 원 만들기로 준비해두기에 좋다.

이렇듯 보장성과 저축성 보험을 가입할 때 가장 주의해야 할 점은 월 납입해야 하는 금액이 부담이 될 정도여서는 안 된다는 것이다. 가입을 하는 것보다 중요한 게 유지 여부다. 본인의 경제력을 바탕으로 보험 전문가와 상담해서 적은 보험료 대비 큰 보장을 받을 수 있도록 비교 분석하여 가입해야 오랫동안 유지하는 데에 도움이 될 것이라고 본다.

추가적으로 화재 보험은 화재·풍수해·붕괴·침강으로 인한 우리집 재산 손해를 보장하고 옆집 피해, 화재 벌금, 임대료와 임시 주거비, 아랫집 누수로 인한 일상 배상 책임도 보장해주는 상품에 가입해야 한다. 화재만 보상받기를 원하면 일시납으로 1년 만기 혹은 3년 만기로 가입하면 되고 배상까지 보장받기를 원하면 3년 납 3년 만기, 5년 납 5년 만기로 장기 화재에 가입하면 된다.

다중 이용 업소를 운영한다면 관할 소방서에서 부여된 관리 번호를 확인하고 다중 이용 업소 배상 책임 보험을 필수로 가입해야 한다. 음식점은 면적이 100㎡ 이상이면 재난 배상 책임 보험을 가입해야 하는데, 1인당 보상 한도액은 1억 5천만 원, 1사고당 보상 한도액은 10억 원이다.

다중 이용 업소의 경우 배상 책임 보험은 사업자를 내기 전에 가입해야 하고, 가입 증서를 보내야 사업자 번호를 부여받을 수 있다. 체육 시설 배상, 학원 배상, 승강기 배상 책임 보험도 가입하지 않으면 벌금이 청구될 수 있으므로 매년 시기를 확인해서 재가입을 해야 한다.

구분	다중이용업소 배상	재난배상
업 종	음식점, PC방, 노래방, 학원, 까페 등	음식점, 숙박업, 전시시설 등
면 적	지하 66㎡, 또는 2층 이상 100㎡ 이상	1층 100㎡ 이상
보상범위	화재, 폭발	화재, 폭발, 붕괴
주무부처	소방청	행정안전부

승강기 배상 책임은 엘리베이터에 승강기 번호가 적혀 있는데, 보험 회사에 주소와 별개로 번호를 불러줘서 가입해야 한다.

공장을 운영하는 경우에도 1년 소멸성 화재 보험을 꼭 가입해야 하고, 아파트에 거주하고 있는 경우 화재 보험에 일상 배상 책임 특약을 넣으면 아랫집 누수 사고에 대해서도 1억 원까지 보상이 되므로 추천한다.

끝으로 보험을 취급하는 설계사에게 몇 가지 전하고자 한다. 실적 위주의 설계로 법인이 계약자가 돼서 수천만 원의 월 보험료를 몇 달만 넣다가 해지하는 행위는 삼가야 한다. 이는 보험 본연의 가치를 잃고 실적 위주의 잘못된 행위를 하는 것이다.

또한 월 납입 보험료를 맞추기 위해 보장 내용을 낮춰서 가입하게 해서는 안 된다. 진단비, 입원비, 수술비 등 최대한 보장받을 수 있게 설계해주고 고객과 충분히 소통 후에 최종 가입을 진행해야 한다. 월 50만 원으로 가입한 고객이든 월 5만 원으로 가입한 고객이든 사고가 났을 때는 무엇이든 다 보상된다고 생각하기 마련이다. 또한 타사에서는 10만 원이 지급됐는데 이쪽에서는 50만 원이 지급된다면 충성 고객으로 만들 가능성도 높아지는 셈이다.

개인적으로 내가 근무하는 회사에 모든 보험을 넣어달라고 권하지는 않는다. 고객 입장에서는 중복 보상되는 범위 내에서 세 군데는 가입해두는 것이 좋다. 일례로, 질병 코드 M000

을 받고 고객이 가입한 보험사 세 군데에 똑같은 날 보상 청구를 했는데, 두 곳은 보험금이 지급됐고 한 곳은 지급되지 않았다. 두 곳에서 지급받은 결과지를 바탕으로 지급받지 못한 곳에 항의 접수를 했고, 며칠 뒤 유권 해석하여 보상을 거절했던 회사에서도 보험금이 지급되었다. 만약 지급되지 않았던 보험 회사에만 가입했더라면 지급받을 수 없는 조건이라 생각하고 넘어갔을 것이다. 그래서 고객에게도 여러 군데 보험에 가입해두도록 추천하는 편이다.

근무하다 보면 실적을 따라가게 되고 그 실적이 근무 평가로 돌아온다. 어쩔 수 없는 보험 설계사의 운명이지만, 장기적으로는 하나를 설계하더라도 고객이 혜택을 많이 볼 수 있도록 노력해야 할 것이다.

생각 열기

보험은 가입하기 전에 약관을 읽어보고
꼼꼼하게 살펴봐야 한다.
전화로 가입하는 것보다 직접 전문 설계사를 만나서
보장 분석을 받고 적절한 보험료와 납입 기간,
보장 내용을 확인 후에 가입을 하도록 해야 한다.
기존 보험에서 불필요한 사항이나
추가해야 될 사항을 확인받도록 하자.

내 삶에 적용해 보기

알기 쉬운 금융상식

People say that money is not the key to happiness,
but I always figured if you have enough money,
You can have.

사람들은 돈이 행복의 열쇠는 아니라고 말합니다.
하지만 돈이 충분하다면,
그 열쇠를 만들 수 있다고 생각합니다.

_조안 리버스 Joan Rivers

재무 설계와 연금

　재무 설계는 행복한 인생을 위한 일련의 과정으로 가족의 연령, 직업, 생활 방식, 자금 여력 등을 고려하여 미래에 대한 경제적 대비를 하는 것을 의미한다.

　한 번쯤은 목표를 설정하고 현재 상태를 분석해서 재무 설계안을 작성해보는 시간을 가져봐야 한다. 가계부처럼 쉽게 작성할 수 있고, 반복해서 수정하는 일련의 과정을 진행하다 보면 더 완벽한 재무 설계안이 만들어질 것이다.

　이때 단기·중기·장기 목표를 구분하고 매월, 매년 얼마의 돈을 모아야 하는지도 계산할 수 있도록 해야 한다. 재무목표 설정을 위한 SMART 원칙은 아래와 같다.

S (Specific)	재무목표는 막연히 '잘 먹고 잘 살고 싶다' 이거나 '행복하게 살고 싶다'가 아니라 구체적으로 무엇을 어떻게 얼마나 언제까지 달성할 것인지를 고려해 세워야 한다.
M (Measurable)	기간·금액 등 구체적으로 측정 가능한 목표를 세운다.
A (Action oriented)	어떻게 실행해 나갈 것인지에 대한 실천계획을 명확히 한다.
R (Realistic)	현재 자산 상태 및 소득 수준을 고려해 달성 가능한 현실적인 목표를 세운다.
T (Timely)	각 시기에 맞는 목표를 설정한다.

1. 구체적일 것 (S : Specific)
   ▹ 부자가 되겠다. ❌
   ▹ 10년 동안 5천만 원을 모을 것이고 매월 40만 원 정기적금을 가입한다. ◎

2. 측정할 수 있을 것 (M : Measurable)
   ▹ 지출을 줄이겠다. ❌
   ▹ 고정지출 항목 중 간식비 5만 원을 줄이고 연간 60만 원을 모아보겠다. ◎

3. 달성 가능하고 도전적일 것 (A : Achievable)
   ▷ 입출금통장에 60만 원 있지만 1년 뒤에는 1,000만 원을 만들어보겠다. ✖
   ▷ 입출금통장에 60만 원이 있고 월 5만 원씩 풍차돌리기로 12개를 만들어서 지급되는 이자로 새로운 적금을 넣겠다. ◎

4. 수행의 결과가 제시될 것 (R : Result-oriented)
   ▷ 돈을 모아보겠다. ✖
   ▷ 틈틈이 생기는 돈은 자유적립적금으로, 고정적인 금액은 정기적금을 하도록 하겠다. ◎

5. 시한이 명확할 것 (T : Time-bound)
   ▷ 1,000만 원을 만들어 보겠다. ✖
   ▷ 올해 12월 말까지 400만 원을, 내년 6월 말까지 600만 원을 모아서 7월에 1,000만 원을 사용할 목적자금을 마련하겠다. ◎

이를 실천하기 위한 Action Plan을 만들어보자.

첫째, 목돈 모으기.

학자금, 결혼 자금, 주택 구입 자금 등 목돈을 마련하려면 적금이나 정기 예탁금, 적립식 펀드를 가입해 꾸준히 자금을 모으는 것이 좋다. 자산 관리의 첫 시작이 바로 목돈 모으기다. 목돈이 마련되면 다양한 금융 상품을 활용해서 내 재산을 증식할 수 있다. 안전 자산은 70%, 투자 자산은 30% 정도로 분할하여 금전적으로 힘들지 않은 삶을 누리길 기대해본다.

둘째, 先저축 後지출.

목돈을 모으기 위해서는 저축하는 습관이 중요하다. 소득에서 먼저 소비하고 남는 돈을 저축하기보다는 일정 금액을 먼저 저축하고 그다음에 소비를 하는 것이 바람직하다. 어릴 때부터 기른 저축 습관은 평생 자산 관리의 기초가 되니 내가 사랑하는 사람들이 모두 부자가 될 수 있도록 저축을 전파하는 전도사가 되어보자.

셋째, 주거래 은행 정하기와 통장 쪼개기.

주거래 은행을 정하여 거래하면 거래 실적에 따라 금리 우대나 수수료 감면 등의 혜택이 주어진다. 화수분 예금(급여 통장), 사업자 우대 통장(카드 결제 계좌), 생활비 통장, 여행 자금 통장 등 여러 개의 통장으로 자금 용도를 구분해서 통장을 관리하면 좋다.

넷째, 신용카드보다는 체크카드 사용하기.

신용카드를 쓰면 통장에 돈이 없어도 결제가 가능하기 때문에 과소비를 할 가능성이 높아진다. 반면 체크카드는 통장 잔액 범위 내에서 사용할 수 있기 때문에 과도한 지출을 막을 수 있다. 100세 시대가 오면서 노후자금을 준비해두는 건 매우 중요한 문제가 되었다. 경제 활동기에 일정 금액을 꾸준히 적립하면 노년기에 생활비 형태로 일정액을 나누어 지급해주는 연금 역시 우리에게 꼭 필요한 동반자다.

연금은 공적 연금과 사적 연금으로 나눌 수 있다. 공적 연금 (국민연금)은 국민의 노후 생활을 실질적으로 보호하는 것이 도입 목적이므로 지급되는 연금액은 매년 물가 상승률을 반영하여 조정된다. 반면 사적 연금(퇴직 연금, 개인 연금)은 물가 상승률을 보험료와 급여에 반영하는 것이 현실적으로 어렵고 불확실해서 반영되지 않는다.

연금 저축(연금 적격)은 세제 혜택을 받기 위한 상품이고 연금 보험(연금 비적격)은 10년 이상 유지 시에 비과세 혜택을 받는 상품이다. 근로자나 사업자일 경우에는 연금 적격을, 주부나 근로 소득이 없으신 분은 연금 비적격에 가입하면 된다.

구분	세액공제 한도	총 급여액 (종합소득과세표준)	세율	세금 환급액
연금 저축	400만 원	5,500만 원 이하 (4,000만 원 이하)	16.5%	660,000원
	300만 원	5,500만 원 초과 1억2,000만 원 이하 (4,000만 원 초과 1억 원 이하)	13.2%	528,000원
IRP 계좌	+300만 원 (총 700만 원)	5,500만 원 이하 (4,000만 원 이하)	16.5%	1,115,000원
		5,500만 원 초과 1억2,000만 원 이하 (4,000만 원 초과 1억 원 이하)	13.2%	924,000원

총 급여액이 1억 2,000만 원(종합소득세 1억 원) 이하인 50세 이상의 연금 계좌 가입자에 대해서는 세액 공제 한도가 600만 원으로 한시적 적용이 된다. 연금 수령 시 만 70세 미만 확정형으로 수령하면 소득세 5.5%의 세금이 발생하고, 종신형

은 소득세 4.4%의 세금이 발생하게 된다. 직장인이라면 연금 저축+IRP 계좌를 가입해서 연말 정산할 때 세제 혜택을 보길 바란다.

재무 설계의 본질을 바로 알고
돈의 흐름, 나아가 미래의 흐름을 읽는 데에
SMART 원칙이 이정표가 되어줄 것이다.

내 삶에 적용해 보기

"   "

알기 쉬운 금융상식

Rich people have small TVs and big libraries,
and poor people have small libraries and big TVs.

부자들은 작은 티브이와 큰 서재를 갖고 있고,
가난한 사람들은 작은 서재와 큰 티브이를 갖고 있습니다.

_지그 지글러Zig Ziglar

7
금융사기를 조심하자!

금융 사기는 금융 거래에서 사람을 속이고 이득을 취하는 것으로, 당연히 불법이며 반드시 막아야 하는 범죄다. 금융 사기의 유형에는 전기 통신 금융 사기, 대포 통장 사기, 대출 사기, 보험 사기, 투자 사기 등이 있다. 주위에서 빈번하게 발생하고 있는 유형이 바로 전기 통신 금융 사기다.

특히 보이스 피싱과 카카오톡, 문자 메시지를 이용한 범죄는 사람의 마음을 이용해서 어쩔 수 없이 송금을 하게 만들고 현금을 인출하게 하는 극악무도한 수법이다. 주로 금융 당국 직원을 사칭하거나 가족, 지인으로 위장하여 현금을 요구한다.

심지어 자녀가 금융권에 근무하고 배우자가 경찰인 주부도 보이스 피싱에 당했다고 한다. 카카오톡 프로필 사진이 아들 얼굴로 되어 있으니 의심하기가 더 어려운 상황이었다.

"엄마, 오늘까지 정기 예탁금 실적을 내야 하는데 지금 바로 출금 가능한 금액이 얼마나 있어? 어플 주소 하나 보낼 건데 이거 설치 좀 해주라. 신분증은 찍어서 카카오톡 여기로 올려주고 인증 번호도 보내면 바로 여섯 자리 알려줘. 그리고 OTP에 숫자 잘 보이게 사진도 찍어서 보내줘."

아들에게 전화하니 계속 통화 중이었고, 카카오톡 사진은 우리 아들 사진이 틀림없었다. 은행에 근무하는 아들이니 자산 증대나 신용카드로 실적 평가를 받는다는 걸 알고 있었고, 자녀의 직장 일이다 보니 해달라는 대로 도움을 주려고 했던 것이다. 몇 분 뒤, 통장에 있는 돈이 전액 송금되었다. 자녀의 직장까지 파악해서 교묘하게 접근한 경우로, 이들뿐 아니라 우리 가족을 비롯해 누구나 피해자가 될 수 있다.

이러한 사고는 절대 일어나선 안 되고 반드시 방지해야 한다. 2019년도 보이스 피싱 7천만 원을 예방했던 일을 상기해보며 사고 예방을 위한 몇 가지 방법을 소개하겠다.

첫째, 가족과 지인이 문자나 카카오톡으로 금전을 요구할 경우 유선 통화를 시도해서 반드시 확인해야 한다. 휴대폰이 고장이나 분실 사유로 연락이 어렵다고 하면 보이스 피싱일 가능성이 높으므로 당황하지 말고 회사 번호를 통해서라도 꼭 통화를 해보자.

둘째, 카카오톡으로 앱이나 URL 주소를 보내며 설치를 요구하면 무조건 보이스 피싱이라고 생각하고 경찰서에 신고하여 조치를 받자.

셋째, 보이스 피싱은 너무도 교묘하게 접근해오기 때문에 누구나 피해자가 될 수 있다. 최대한 침착하게 금융 회사 콜센터로 전화해서 해당 계좌에 대한 지급 정지 요청을 해야 한다. 그리고 해당 금융 기관을 방문하여 피해 구제 신청을 하도록 하자.

금융 기관 직원은 회사에서 알려준 설명서Manual대로 고객의 소중한 자산을 지키는 데 책임이 있다. 조금이라도 의심되는 경우에는 책임자에게 보고하고, 문진표에 ○를 체크했다면 112에 연락하여 경찰에 신고해서 도움을 요청해야 한다.

보이스피싱 예방 문진표

1. 최근 금융거래 관련하여 문자메시지나, 카카오톡을 통하여 수신된 인터넷 주소를 통해 금융거래 어플리케이션(App)을 스마트폰에 설치하신 적이 있나요?	○ ✕
2. 저금리, 정부지원자금 관련 등의 대출실행을 위해 특정 내용 (전세금, 보증금, 사업자금 등)을 전달받아, 확인되지 않은 상대와 대출관련 거래를 진행하라는 요청을 받고 계신가요?	○ ✕
3. 가족, 지인 등이 핸드폰이 고장 나 직접 연락이 어렵다고 하며, 카카오톡이나 문자로 알려준 계좌에 송금하라는 요청을 받으셨나요?	○ ✕
4. 금융기관으로부터 기존 대출금을 개인 계좌로 송금하라고 하거나, 상환금을 대출기관의 직원에게 직접 전달하라는 안내를 받고 거래를 하고 계신가요?	○ ✕
5. 검찰, 경찰, 금융감독원 직원이 고객님에게 현재 범죄나 사건에 연루되었다고 하며, 해당 내용을 은행직원이나 가족 등 누구에게도 이야기를 하면 안 된다는 협박을 받고 계신가요?	○ ✕

금융 사기 예방을 위해 주변에도 보이스 피싱이 의심된다면 거래하고 있는 은행에 도움을 요청하거나 금융 감독원 콜센터 1332에 자세한 내용을 안내받으라고 꼭 알려주자.

생각 열기

전화 사기범들 계좌에 자금을 이체한 경우
즉시 거래 은행에 지급 정지 신청을 하고
가까운 경찰서에 신고하자.
자녀를 납치한 것처럼 가장하여 부모에게 전화해
송금을 요구할 경우,
섣불리 돈을 송금하거나 비밀번호를 알려주지 말고
반드시 사실관계를 확인하자.

내 삶에 적용해 보기

"

"

3장

금융전문가

◆ ◆ ◆

Luck is the residue of design.

운은 계획에서 비롯된다.

_브랜치 리키Branch Rickey

1

상속세와 증여세

    상속과 증여라는 단어는 드라마에 나오는 재벌에게만 해당되는 것이라고 생각하는 이들이 많았다. 하지만 요즘은 부모에게 아파트나 땅을 상속받거나 현금으로 증여받는 경우가 많이 발생하므로 재벌이 아닌 우리가 알고 있어야 하는 이야기가 되었다. 중산층을 넘어 서민들까지 상속세를 내야 될 수 있는 요즘, 미리 대비를 해서 상속세 폭탄을 맞지 않기 위해 이번장에서는 상속세와 증여세에 대해 알아보겠다.

    증여의 사전적 의미는 본인이 보유하고 있는 재산을 타인에게 무상으로 수여하겠다는 의사를 밝히고 상대방은 이를 수락하여 재산을 이전하는 것이다.

    상속은 재산의 소유자가 사망하여 법에 따라 친족이 이를 승계받는 것을 말한다.

즉 상속과 증여는 다른 개념이다. 재산을 주는 사람이 살아 있을 때 내는 세금을 증여세라고 하고, 반대로 재산을 주는 사람이 사망 시 넘어가는 재산에 대한 세금을 상속세라고 한다.

상속세는 피상속인의 모든 재산이 포함되는데 부동산, 주식, 금융자산부터 지적재산권 같은 법률상 권리뿐만 아니라 빚도 포함된다.

우선순위	피상속인과의 관계	상속인 해당 여부
1순위	직계비속*, 배우자	항상 상속인
2순위	직계존속**, 배우자	직계비속이 없는 경우 상속인
3순위	형제자매	1, 2순위가 없는 경우 상속인
4순위	4촌 이내의 방계혈족	1, 2, 3순위가 없는 경우 상속인

상속공제는 상속인의 가족 구성에 따라 달라지고 상속자 구성에 있어 배우자가 없고 자녀들만 있을 경우, 5억 원을 일

....

* 직계 비속: 자녀, 손자 등
** 직계 존속: 부모님, 조부모님 등

괄 공제하거나, 기초공제 2억 원과 기타 인적공제를 합산한 금액 중 큰 금액을 공제한다. 배우자와 자식이 있다면, 배우자 공제 5억에 일괄 공제 5억까지, 최소 10억을 공제받을 수 있다. 일반적으로 배우자 공제는 실제 배우자가 상속받은 금액에서 공제해준다. 단, 배우자의 법정상속분을 한도로 하고, 최대 30억을 넘기지 못한다.

과세표준	1억 원 이하	5억 원 이하	10억 원 이하	30억 원 이하
세율	10%	20%	30%	40%
누진공제액	없음	1천만 원	6천만 원	1억 6천만 원

　　상속을 받는 상속인은 상속개시일이 시작하는 달의 말일부터 6개월 안으로 관할 세무서를 통하여 신청, 납부를 해야 한다. 이 기간 내 신고를 하지 못하면 가산세가 부과되고, 신고 후 세무서에서 조사가 나온 후 세액 확정을 진행한다. 상속세 과정에서 누락된 재산은 가산세가 발생하므로 전문가의 자문을 꼭 구하길 바란다.

　　이에 비해 증여공제는 상속보다 쉽게 설명할 수 있다. 10년 단위로 배우자는 6억, 직계존비속 중 성인은 5천만 원, 미성년자는 2천만 원, 기타친족으로부터 증여받은 경우는 1천만 원을 공제받을 수 있다.

증여자와의 관계	증여재산공제 합계액 (10년간 합산하여 공제할 수 있는 금액)
배우자	6억 원
직계존속	5천만 원 (미성년자가 직계존속으로 증여받은 경우 2천만 원)
직계비속	5천만 원
기타 친족 (6촌 이내의 혈족, 4촌 이내의 인척)	1천만 원

증여세는 증여받은 날이 속하는 달의 마지막 날부터 3개월 안에 신고서를 관할 세무서에 제출하고 납부해야 한다.

막대한 부를 가지고 있는 재벌은
자신만의 인프라를 통해 충분히 상속 및
증여에 대한 계획을 세우고 세금을 절감하고 있다.
부모를 모시고 있으면 상속을, 자녀를 키우고 있으면
증여에 대해 알아두도록 하자.

내 삶에 적용해 보기

알기 쉬운 금융상식

* * *

Love the moment, and the energy of that moment
will spread beyond all boundaries.

순간을 사랑하라. 그러면 그 순간의 에너지가
모든 경계를 넘어 퍼져나갈 것이다.

_코리타 켄트Corita Kent

2
종합소득세와 양도세

주식, 펀드, 저축을 통해 어느 정도의 자금이 모였고 부족한 금액은 대출을 통해 오래전부터 꿈꿔왔던 건물주가 되었다. 그런데 10억 원 상가를 매입하려는데 세금 종류가 너무 많다. 이번 장에서는 어떤 세금이 있는지 알아보려고 한다.

상가를 매입한 경우 최초 취득 시에는 취득세가 발생하고 부동산 임대업으로 사업자등록증을 발행해야 한다. 임대업을 시작하게 되면 부가가치세와 종합소득세를 납부해야 되고 추후에 상가를 팔게 되면 양도소득세를 납부하게 된다.

취득세는 상가의 취득세 세율 4.6%가 적용된다.

ex. 10억 원 상가를 매수하면 4,600만 원의 취득세를 납부하게 된다.

부가세는 개인사업자의 경우 1년에 2번 10%의 부가세를 신고, 납부하게 된다.

종합소득세는 어느 업종의 사업자든 매년 5월마다 작년 실적에 대한 종합소득세를 신고, 납부하게 된다. 사업자등록상 일반과세자의 경우에는 임차인에게 별도로 부가세를 받기 때문에 임차인이 부가세를 부담한다고 생각하면 된다.

과세표준	세율	누진공제
1천 2백만 원 이하	6%	-
1천 2백만 원 초과 4천 6백만 원 이하	15%	1,080,000원
4천 6백만 원 초과 8천 8백만 원 이하	24%	5,220,000원
8천 8백만 원 초과 1억 5천만 원 이하	35%	14,900,000원
1억 5천만 원 초과 3억 원 이하	38%	19,400,000원

직장생활을 하면서 임대업을 하고 있다면 합산하여 신고해야 된다. 이런 경우에는 공동명의로 해서 누진세를 낮추는 방법이 좋다.

양도소득세는 주택이나 토지를 매입한 후 소유하고 있다가 타인에게 매도하게 될 때 수익이 발생하게 되었다면 두 달 이내에 납부해야 되는 세금이다. 즉, 양도 금액이 상가를 매입했을 때보다 많이 발생한다면 양도차익에 대해서만 세금을 내면 되는 것이고 수익이 발생하지 않았다면 납부하지 않아도 되는 것이다.

2년 미만 보유한 주택은 양도세율 60%, 1년 미만 보유 시 70% 중과세가 적용되므로 2년 이상 보유하고 파는 것이 좋다.

참고로 상가를 5년 보유하고 5년 거주하면 장기보유 특별공제 40%를 적용받을 수 있고, 10년 이상 보유하고 10년 거주하면 80%까지 혜택을 볼 수 있다.

양도세 신고, 납부할 경우에 주의할 점을 요약해보겠다.

1. 부동산을 양도한 경우에는 양도일이 속하는 달의 말일부터 2개월 이내에 주소지 관할세무서에 예정신고, 납부해야 한다.

2. 당해연도에 부동산을 여러 건 양도한 경우에는 그 다음 해 5월 1일부터 31일 사이에 주소지 관할세무서에 확정신고를 하여야 한다.

3. 예정신고나 확정신고를 하지 않은 때는 정부에서 결정, 고지하게 되며 신고, 납부를 하지 않은 경우 무신고가산세 20%를 추가 부담해야 한다.

4. 납부할 세액이 1천만 원을 초과하는 경우 납부할 세액의 일부를 납부기한 경과 후 2개월 이내에 분할 납부할 수 있다.

생각 열기

종합소득세는 납세자의 각종 소득을 합계한
총소득에 대하여 매기는 세금이고,
양도소득세는 토지, 건물 따위를 유상으로 양도하여
얻은 소득에 대하여 부과하는 조세로
1세대 1주택일 경우 2년 이상 보유하면서 거주했다면
비과세가 적용된다.

내 삶에 적용해 보기

알기 쉬운 금융상식

・ ・ ・

He sacrifices his health in order to make money.
Then he sacrifices money to recuperate his health.
And then he is so anxious about the future that
he does not enjoy the present.
The result being that he does not live
in the present or the future.
He lives as if he is never going to die,
and then dies having never really lived.

사람은 돈을 벌기 위해 건강을 희생합니다.
그런 다음 자신의 건강을 회복하기 위해 돈을 희생합니다.
그리고 그는 미래를 너무 걱정하느라
현재를 즐기지 못합니다.
결과적으로 그는 현재에도 미래에도
살고 있지 않은 것입니다.
그는 결코 죽지 않을 것처럼 살고,
진정 살아보지 않고 죽습니다.

_달라이 라마 Dalai Lama

3

쉿! 영업사원의 비밀

혈기왕성했던 20대 영업 사원으로서의 첫걸음은 순탄치 않았다. 불안해지지 않으려 시작한 고민이 다시 불안을 낳고 고민과 불안의 악순환이 연속적으로 이어졌다. 경쟁 사회에서 이기기보다는 살아남기 위해 발버둥을 쳤고, 실력은 있었지만 방향은 몰랐으며 열정은 있었지만 방법을 알지 못했다. 그저 하루하루 내가 생각하는 범위 내에서 최선이란 단어를 넘어 혼신을 다해 살았던 것 같다.

하계휴가를 반납하고 보험 상품 영업을 목적으로 서울의 전 직장에 찾아가고, 또 주말을 반납해서 천안 연수원에 주말 과정 교육을 청강하러 가기도 했다. 퇴근 이후에도 보험 영업을 잘하는 직원들을 만나러 가서 그들만의 노하우를 전수받고, 집으로 돌아와서는 가입 설계서가 아닌 약관을 공부했었다.

그때의 열정 많고 패기 넘치던 신입 사원은 어느덧 지점장이 되었다. 이 자리에 있다 보니 예전보다 보이는 것도 많아지고 들리는 소리도 늘어났다. 고향은 포항이고 전 직장은 서울에서 다녔던 내가 왜관읍이라는 아는 사람도 없는 외지에서 영업 사원으로 살아남을 수 있었던 비밀 아닌 비밀을 몇 가지 공유해본다.

첫째, 우리 상품에 대한 나의 확신이 어느 정도인지 성찰해보아야 한다. 이는 영업을 하는 사람으로서 갖춰야 할 가장 기본이자 판매자의 본질이기도 하다고 생각한다. 내가 구매하지 않고 내 가족도 가입하지 않는 직원의 영업 방식은 실적으로 이어질 수 없다. 영업 목표를 달성하고 판매를 많이 하고 싶다면 먼저 나부터, 그리고 가족까지 가입할 수 있어야 한다. 사람도 각자의 장·단점이 있고 상품도 마찬가지다. 부모는 내 자식이 훌륭하다는 확신이 있다. 우리 상품에 대해 부모의 마음으로 바라보고 접근해야 한다고 말하고 싶다.

둘째, 끌려가는 설명은 설명으로 끝나지만 끌고 가는 설명은 설득으로 이어진다. 영업 사원을 교육하는 이들이 설득의 좋은 예다. 이들은 상품에 대해 공부하고 실제 판매 사례를 강의하며 다시 현장에서 판매하는 선순환을 경험한다. 한 업계의 판매왕이 교육을 탁월하게 잘할 수는 없지만, 교육을 잘하는 강사는 영업의 신이라고 불리는 경우를 종종 본다.

그래서 영업을 잘하고 싶다면 해당 기관의 상품 사내 강사가 되는 것도 추천한다. 남에게 교육한다는 것은 쉬운 일이 아니다. 더욱이 같은 업종의 직원들에게 하는 교육은 훨씬 더 부담으로 다가올 수 있다. 하지만 분명 성장의 밑거름이 되고 그 어려움을 극복하기 위해 더 열심히 공부할 것이며 하나의 상품을 판매할 때의 마음가짐도 달라질 것이다.

일례로 강의 자료로 활용하기 위해 현장에서 영업하면서 성공하거나 실패했던 경험을 기록하고, 퇴근 후 잘하는 선배의 피드백을 받았던 직원이 있었다. 본인의 대화 패턴이나 고객을 대하는 태도에서 변화하려고 노력했고 그 설명이 설득되면서 자연스럽게 실적도 따라오게 되었다. 1년 평가 중 1번은 탁월한 실적을 낼 수 있었고 이후에는 피드백 없이 혼자 성장하고 발전해갔다.

하지만 매년 꾸준히 적정 수준 이상의 결과를 이루어내는 것과 함께 근무하는 동료 직원도 잘하게 만드는 것이 중요하다. 영업 사원은 모든 업무에 있어 끌려가지 말고 끌고 가면서 제2의 자신과 같은 영업 사원을 배출하는 목표를 가지길 바란다.

셋째, 상품 가입은 고객이 결정하지만 고객의 결정은 내가 하는 것이다. 하나의 상품을 가입시키는 것이 끝이 아니라 상품을 가입한 고객 관리를 통해 자녀, 사위, 며느리, 손주까지 가입할 수 있도록 이끌어내야 한다. 이런 고객은 영업 현장에서 알게 되어 일회성으로 그치는 고객이 아니라 함께 인생을 살아갈 동반자가 된다. 생일에는 카카오톡으로 선물을 보내고 축하할 일이 있으면 마음을 전하며 힘든 일이 있을 때는 직접 찾아가서 함께 마음과 위로를 건네주는 노력을 해야 한다.

이런 노력을 통해 소개가 소개로 이어지게 된다. 100명의 일반 고객보다 1명의 충성 고객을 내가 결정해서 시간과 비용을 들이는 것이 더 현명한 일이라는 것을 자연스럽게 느끼게 된다.

넷째, 삶의 모든 부분이 회사와 연계되도록 노력해보자. 오전 8시 출근해서 오전 업무를 하고 12시부터 13시까지 점심 시간을 보내며 오후 업무는 17시에 종료된다.

회사에 출퇴근 도장만 찍고 영업 실적을 다하려는 건 욕심이다. 17시 이후에는 지역 사회 단체와 동창회에 나가서 내가 하고 있는 일이 무엇이고 그쪽에 해줄 수 있는 부분이 무엇인지 어필할 필요가 있다. 사회생활을 하다 보면 "네가 보험도 하는지 몰랐다. 진작 얘기하지. 얼마 전에 다른 사람한테 넣었는데"라고 말하는 이들이 1년에 1명은 꼭 있었다. 이건 영업하는 사람의 실수다.

물론 상대방에게 부담으로 느껴질 수도 있지만 어느 정도의 적정선을 지키면서 내가 해줄 수 있는 영역을 어필할 필요가 있다. 지점장이 되고부터는 퇴근 이후와 주말에도 상대방과 얘기하다가 우리 회사에서 하고 있는 사업과 연관되는 부분이 있으면 내가 근무하고 있는 곳에 해달라고 너스레를 떨기도 한다. 이런 하루하루가 쌓여서 회사의 수익이 되는 셈이다. 전 직원이 이렇게 할 수 있다면 그 회사는 지금보다 더 발전할 것이다.

다섯째, 친절_{親切} 위에 친근_{親近}이 있다. 이미 정상에 있는 영업 사원은 "이거 어때? 가입 안 하면 네 손해지" 같은 개념으로 고객에게 접근하고, 일반 영업 사원은 부탁하는 자세로 고객에게 다가간다. 둘의 공통점은 친절한 것이고 차이점은 친근하게 다가가는지 아닌지다. 친근하게 다가간다는 건 그만큼 평소에 고객 관리나 관계를 잘 형성해놔야 가능하다. 친절한 직원은 너무나도 많다. 하지만 영업을 하는 입장에서는 평상시에 그 사람과의 관계를 잘 다져두고 필요한 시점에 얘기를 해야 가입할 확률이 높아지는 것이다. 고객이 말하는 사항만 해주지 말고 안부도 묻고 커피도 드리면서 편안한 사람이라는 느낌을 받을 수 있게 노력해보자.

여섯째, 두 명의 멘토를 선정하자. 그중 한 명은 근무하고 있는 직장에서 선정해야 한다. 직장 생활을 하다 보면 하지 않아도 될 말을 할 때가 있고 그것은 다시 부메랑이 되어 나에게 돌아온다. 그런 실수를 할 때에는 따끔하게 혼을 내고, 유독 힘들어하는 날에는 따뜻한 차 한 잔 나누면서 격려해주는 누군가가 필요하다. 인간은 연약한 동물이기 때문에 주위 분위기에 쉽게 동조되고 잘못된 행동을 할 때가 있기 마련이다. 이는 인간의 본능이기 때문에 본인이 판단하지 못할 때는 멘토가 큰 도움이 될 것이다.

　다른 한 명의 멘토는 근무하고 있는 회사가 아닌 외부에서 선정해야 한다. 단, 업종은 같아야 할 것이다. 사람은 나태한 동물이라 변화를 싫어한다. 그래서 더 발전할 수도 있는 사업을 진행하지 않으려고 한다. 이 멘토에게는 우리 회사에서 하지 않는 좋은 업무들을 배워야 한다. 또 현재 진행하고 있는 업무 중에서 내부적으로 잘 모르는 부분에 대해서도 도움을 요청해야 한다. 그래서 같은 업종이면서도 이 분야에서 실력 있는 직원을 멘토로 삼는 것이 좋다. 이처럼 두 명의 멘토를 잘 선정하여 직장 생활을 한다면 영업 사원으로 성공할 수 있을 것이다.

구분	현재의 모습	향후 발전된 모습
회사에서 나의 업무는?		
나만의 고객은 몇 명인가?		
멘토-멘티		
개인 목표		
회사 전체 목표		

※ 본인 실적이 뛰어난 영업사원이라면 전 직원이 본인처럼 잘할 수 있게 만드는 것이 중요함.

나도 개인적으로 슬럼프가 있었다. 쳇바퀴 돌듯 지루한 아침이 찾아오고 영업 실적의 압박으로 괴로워서 잠 못 드는 밤이 계속되었다. 그럴 때는 잠시 쉬어야야 한다. 지칠 때 고향인 포항 바닷가에 가서 수평선 끝을 바라보면, 바닷물이 나를 감싸는 듯한 포근함이 마음을 달래주었다. 눈을 감고 소리에만 집중하며 출렁이는 파도 소리가 전하는 안정감을 느끼기도 했다. 이렇게 때로는 쉼을 가지고 출근하면 더 좋은 에너지가 생기고, 그것을 고객도 느끼며 영업 실적이 오르는 선순환을 경험할 수 있다.

끝으로 대학원에서 상담 심리학을 전공하면서 들었던 이야기 하나를 소개해본다. 옛날 아주 먼 옛날, 각자의 위치에서 나름대로 열심히 살고 있던 10명의 청년이 있었다. 그들 모두 신을 만나기 위해 아주 높은 정상을 향해 걸어갔다. 도착한 이들에게 신은 오면서 무엇을 봤느냐고 물었다. 10명 중 9명은 "죽기 살기로 정신없이 올라오다 보니 무엇을 봤는지 무엇이 있었는지 기억이 나지 않습니다"라고 답했다.

하지만 한 사람은 이렇게 말했다. "그늘에서 낮잠도 자고 새소리도 듣고 계곡에 발도 담그며 행복하다는 생각을 하면서 올라오다 보니 어느새 여기까지 오게 되었습니다." 신은 미소 지으며 "그래, 그렇게 느끼고 살아가라고 내가 너희들을 세상에 보냈는데 전부 뭐가 그리 바쁘다고 죽기 살기로 살았느냐" 하고 말했다.

고마운 일에 감사할 줄 알고, 아름다운 것을 보면 아름답다고 느낄 줄 알고, 또 잘못한 일에 대해선 같은 실수를 반복하지 않도록 노력하는 삶을 살아야겠다는 교훈을 얻게 되는 이야기다.

1등이라는 목표에만 집중하다 보면 일에 대한 열정은 사그라지게 마련이다. 중요한 것은 자기 일에 대한 가치와 본질적 열정을 놓치지 않는 것이다. 1등이라는 타이틀은 스스로 회사에 헌신할 때 자연스레 찾아온다고 생각한다. 주인 의식을 갖고 일하며 신입 직원에서 중간 관리자, 임원으로 성장해나가길······.

영업은 지인 → 개척 → 소개순으로 이어진다.

1단계는 가족으로 시작하고 친척으로 이어지며
친구로 마무리된다.
2단계는 업무를 보면서 한 명씩 개척해나간다.
3단계는 가입한 고객을 통해서 다른 고객을 소개받고
또 다른 소개를 낳는 것이다.

결국은 충성고객 관리가 가장 중요하다는 결론이 나온다.

내 삶에 적용해 보기

"

"

알기 쉬운 금융상식

영업직 상품 권유 로드맵

I   상품(권유) 프로세스 4단계

■ 고객과 눈을 마주치면서 친절하고 공손하게 단계별 진행
  (미인대칭: 미소 짓고 인사하고 대화하고 칭찬하자)

1단계	2단계	3단계	4단계
고객의 니즈 파악	고객이 필요로 하시는 부분을 듣고 필요한 상품 권유	고객의 귀(설명) 고객의 눈(설계서) 고객의 입(승낙)	고객 본인 + 가족 가입

II   상품(권유) 프로세스 적용하기

■ 전략적 사고 4단계(Why-What-How-If)

1단계	신속상담 (Why)	고객이 왜 방문을 하셨는지 확인 후 업무를 빠르게 처리해 드린다.
2단계	경청 및 공감 (What)	고객이 무엇을 듣고 싶어 하는지를 파악하고 보장분석후 설명을 해드려야 한다.
3단계	전문적인 설명 (How)	고객이 선택할 수 있도록 타사상품과 비교분석한 것을 제시하고 우리 상품만의 특·장점을 전문적으로 설명하면서 계약을 이끌어내야 한다.
4단계	기대 효과 (If)	오늘 가입하고 끝내는 것이 아니라 다음에 오실 때는 다른 상품을 권유하고 이런 좋은 것은 주변인들에게도 소개를 부탁한다. 지속적인 관심과 관리를 통해 고객감동을 이끌어낸다.

III   상품(고객) 관리 현황

■ 우리 회사에 모든 상품을 이용하는지 주기적 관리

순번	성명	정기 적금	정기 예탁금	대출	생명 보험	손해 보험	전자 금융	동의서
1	원빈	1억 원	10억 원	1억 원	10만 원	80만 원	O	O
2				....				

· · ·

Be thankful for what you have.
You'll end up having more.
If you concentrate on what you don't have,
you will never, ever have enough.

당신이 가진 것에 대해 감사하십시오.
그러면 당신은 끝내 더 많은 것을 가지게 될 것입니다.
만약 당신이 갖고 있지 않은 것에 집중한다면,
당신은 절대 충분히 갖지 못할 것입니다.

_오프라 윈프리Oprah Winfrey

4

MZ 신입사원

요즘 많은 신입 직원들은 직장과 자신을 철저한 계약 관계라고 생각한다. 상사의 부당한 지시를 거부하는 것도, 퇴근 시간만 되면 칼같이 귀가하는 것도 이런 사고방식에서 비롯된다. 최근에는 '칼퇴'라는 용어도 당연한 권리를 인심 쓰는 듯이 말한다고 하여 사용하지 않는다. 하지만 동시에 직장에서 얻을 수 있는 것이 많다는 것을 부정하지는 않는다. 어쨌거나 직장은 돈을 받으며 실무를 익힐 수 있는 특화된 장소이기 때문이다.

직장 동료는 지금 몸담고 있는 분야를 떠날 것이 아니라면 언제든 도움받고 함께 일할 수 있는 사람들이다. 회사에 오래 있다 보면 자연스럽게 주변 사람을 보고 '어떤 취미 생활을 하는구나'라든가 '어떤 성격이겠구나'라는 걸 짐작하게 된다.

하지만 회사와 자신을 동일시하지 않는 신입 사원에 대해서는 그 예상이 틀릴 확률이 높다. 인싸인 친구들에게 많이 듣는 말 중 하나가 "나 회사에서는 안 이래"이다. 어딜 가도 중심에 있는 분위기 메이커인 친구지만 회사에서는 묵언 수행 중이라는 것이다. 정도의 차이가 다를 뿐 실제 모습을 감추려 하는 경우가 많다.

과거 회사는 수직적 지시를 통한 빠른 업무 수행이 최선이라고 생각했다. 지금은 수평적 문화를 선호하는 신입 직원들이 주축이 되며 기업 문화가 바뀌고 있다. 대표적으로 호칭 파괴 제도가 있다. 직급의 수를 줄이고 호칭을 통일하는 것이다. 혁신적인 문화가 강한 스타트업의 경우 영어 이름을 사용하기도 한다.

수평적인 기업이라고 하면 항상 손꼽히는 기업 중에 구글이 있다. 그런데 구글에도 성과가 높은 팀이 있고 낮은 팀이 있다. 구글에서는 어떤 팀이 성과를 내는지 알아보기 위해 '아리스토텔레스 프로젝트'를 진행했다. 그 결과 수평적이고 민주적으로 업무 처리를 한 팀의 성과가 가장 높았다고 한다. 이렇게 자신의 의견을 부담 없이 말할 수 있는 상태를 '심리적 안전감'이라고 한다.

세상에는 다양한 사람이 있는 만큼 구체적인 정답을 제시할 수는 없다. 다만 어떠한 팀 분위기에서 최고의 결과가 나오는지는 알고 있어야 할 것이다. 회식을 축소하는 문화가 자리 잡고 있던 와중에 코로나19가 터지면서 회식 자체가 거의 없어지는 추세가 됐다. 직장 회식은 점심시간에 하는 분위기로 바뀌고 있고, 저녁 회식도 웬만하면 1차에서 마무리를 한다.

그런데 이 변화를 신입 직원들이 이끈 것은 아니다. 그들이 사회 초년생으로 회사에 입사했을 때는 이미 회식을 안 하는 문화가 정착되어 있었다. 따라서 신입 직원이 거부해서 회식이 없어지고 있다는 말은 따져보면 잘못된 말이다. 그 효과가 떨어지고 사람들이 싫어하니 자연스럽게 줄어들었다고 봐야 한다.

과거에 회식은 동료 간에 친목을 다지는 자리였다. 서로의 관심사를 파악하고 사회생활에 필요한 기본적인 에티켓을 알려주기도 했다. 서로에 대해 더 잘 아는 것이 업무에 도움이 된다는 의미로 업무의 연장선이라고 하기도 했다.

이런 문화가 형성되었던 이유는 예전에는 평생직장 시대였기 때문이다. 오랫동안 함께 일해야 한다는 전제에서는 끈끈한 관계를 맺는 게 중요했다. 그러나 지금 다니는 회사를 평생직장으로 생각하지 않는 신입 직원에게 회식은 특별한 의미가 없다.

아직 모르는 것이 많은 신입 사원과 일을 함께하기 위해서는 그보다 피드백이 필수적이다. 피드백의 종류는 구체적 피드백과 포괄적 피드백으로 나뉜다. 신입 사원에게 알아서 하라고 하면 보통 시작부터 엉뚱한 방향으로 가기 쉽다. 그때마다 이를 바로잡아주는 것을 포괄적 피드백이라고 한다. 하지만 후배를 가르쳐주는 건 자기의 일이 아니기에 하루 종일 옆에서 챙겨줄 수는 없을 것이다.

구체적 피드백은 실제로 업무에 바로 적용할 수 있도록 구체적으로 피드백을 주는 것이다. 그런데 한 분야를 깊이 있게 파다 보면 보통 사람들도 이 정도는 알 것이라 착각하게 된다. 이를 '전문가의 저주'라고도 하는데, 자칫 일반적인 사람들이 이해하기 어렵게 설명하는 경향을 보이게 된다. 나름대로 공부하고 들어왔지만 일반인에 가까운 신입 사원이 이해하기는 너무 어려울 수 있다.

요즘 젊은 직원들은 어떤 정보를 얻을 때 주로 네이버나 유튜브를 이용한다. 유튜브를 보면 사소한 것까지도 매우 자세하게 설명되어 있다. 직접 시연을 해주기 때문에 눈으로 볼 수도 있다. 여기서 기성세대와 신입 직원이 생각하는 '구체성'의 차이가 생긴다. 기존 직원 입장에서는 '이 정도 알려줬으면 이제 알아서 하겠지?'라고 생각하지만 원하는 결과가 나오지 않는다. '이 정도면 내가 사실상 다 한 건데?' 하는 느낌이 들 정도로 알려줘도 원하는 결과가 나올지 의문이다.

사람이라는 존재를 생각해보자. 자연 속에서 너무나도 나약한 존재였던 인간이 힘을 합치고 무리를 만들기 시작했다. 무리에서 제외된다는 것은 죽음을 선고받는 것과도 같은 말이었을 것이다. 그래서 서로의 생각을 읽으려 노력했고 상대방과의 소통을 중요시했다.

상대방과 다툰다거나 갈등이 일어난다는 것은 무리에서 나오게 될 확률이 높아지는 것일 테니, 갈등을 피하려고 참아내거나 다툼을 원만히 해결하는 방법을 자연스럽게 배웠을 것이다. 인간은 그렇게 사회적 동물이 되어갔다. 오래전부터 이어진 인간 고유의 습성은 우리를 타인의 시선과 눈초리 앞에서 자유로울 수 없게 했고, 누군가의 인정을 자양분 삼아 성장하고 발전하도록 만들었다.

시간은 빠르게 흐르고 이제는 누구와도 쉽게 연결될 수 있는 세상이 되었다. 그래서 누군가의 삶도 쉽게 엿볼 수 있다. 그럴수록 비교와 부러움 역시 쉽게 생겨나게 되었을 테다. 그러다 보면 자연스럽게 '부족한 자신'에게 초점이 맞춰진다. 그러니 비교와 부러움이 많아질수록 자신의 환경을, 아니 자기 자신을 낮춰 바라보게 되는 것이다.

내가 부족하다는 마음은 점점 커지고 머리는 부정적인 생각들로 가득해진다. 그럴수록 당연히 말이나 행동도 곱게 나올 리 없다. 나오는 말과 취하는 행동들은 내가 아닌 타인에게 뻗어져 나간다. 부정적인 생각에서 비롯해 뻗어져 나간 말과 행동은 자신을 지키려고 날카로운 가시를 세우거나 위험하게 칼을 휘두르는 것과도 비슷할 것이다.

자신을 지키려 했던 행동이지만 결국 타인을 해치는 결과로 이어지게 된다. 이처럼 의도하든 의도하지 않았든 부정적인 감정과 생각들은 관계를 망치기 마련이다.

그 반대의 경우도 있다. 모든 초점이 내가 아닌 상대방에게 맞춰져 있는 경우다. 나의 행복과 감정보다 타인의 기준을 더욱 중요시한다. 그들의 행복이 자신의 행복인 것처럼 행동하고, 타인의 기분과 감정에 전전긍긍한다. 그러다 보면 '나'라는 존재가 사라지고 관계에 지나치게 매달리게 된다.

자연히 관계가 시들해지면 모든 게 다 자신의 탓이라고 생각하기 쉽다. 그럴수록 내 인생에 있어 타인의 영향력은 극대화된다. 그들의 사소한 한마디가 내 하루를 아니, 어쩌면 인생을 좌지우지하게 된다.

여전히 우리는 필연적으로 다른 사람과의 관계를 맺으며

살아갈 수밖에 없는 존재다. 회사에서 관계를 유지할 필요가 없다는 생각이 들더라도 일주일만 방에 혼자 갇혀 있으면 새삼 인간은 사회적 동물이라는 걸 깨닫게 될 것이다.

세상에서 가장 든든한 내 편은 결국 '나'다. 건강한 관계의 시작은 건강한 자신에게서 나온다. 다른 사람과 좋은 시간을 함께하며 좋은 경험을 함께 쌓아가고 좋은 감정을 교류하는 것, 관계는 결국 그러한 '주고받음'을 통해 이뤄지고 유지된다. 내 안에서 나온 것들이 상대방에게 전해져 상대방의 빈 곳을 채우고, 또 상대방으로부터 전해져온 것들로 내 안을 채우는 것이 궁극적인 '관계 맺음'이기 때문이다.

하지만 내 안이 썩어 문드러져 있다면 상대방에게 줄 것들 역시도 비슷한 상태일 것이다. 비교는 줄이고 초점은 나에게로 맞추도록 하자. 스스로 건강함을 챙기면 관계는 자연스럽게 개선될 것이다. 인간관계에 지쳐갈수록, 또 타인을 내 편으로 만들고 싶다는 생각이 들수록 자신에게 관심을 두는 데에서부터 시작하라는 조언을 건네고 싶다. 건강한 마음가짐을 갖추었을 때 나로부터 건강한 에너지가 뿜어져 나오기 때문이다.

매일 똑같은 일상을 살다 보면 쉼표가 필요하다는 생각조차 하기 어려워진다. 남들도 다 하는 일이니까, 이 정도의 일은 내 능력으로 해낼 수 있으니까, 하면서 앞만 보고 달리는 사람이 대부분이다. 잠시 달리기를 멈추고 자신에게 물어보자. 남들의 눈을 의식해 무리하고 있는 건 아닌지, 지금의 삶이 자신에게 스트레스로 다가오고 있는 건 아닌지 말이다. 몸이 피곤함을 느낄 때 정신은 그보다 10배 이상은 고단한 상태라고 한다.

　지치고 마음에 여유가 없다고 생각된다면 과감히 쉬어야 한다. 휴식은 절대 게으름을 부리는 것도 아니고, 남들보다 뒤처지는 것도 아니다. 휴식은 여유를 선물해준다. 마음의 여유가 없는 사람은 대체로 호흡이 얕은 것이 특징이다. 우리 몸에 있는 자율 신경은 자동차에 비유하면 가속 페달과 같은 교감 신경과 브레이크와 같은 부교감 신경으로 이루어져 있다.

　교감 신경과 부교감 신경이 서로 조화를 이루어야 몸과 마음이 건강한데, 감정이 고조되고 예민해지면 교감 신경이 우위를 점하면서 호흡이 얕아진다. 이럴 때 의식적으로 호흡을 깊게 하면 부교감 신경이 활성화되면서 몸과 마음을 이완시

킬 뿐만 아니라 면역력을 증가시키는 효과도 가져온다.

고대 인도에서 기원한 '4·7·8 호흡법'을 따라 해보는 것도 마음의 여유를 찾는 데 도움이 될 것이다. 먼저 '후~' 하면서 몸속의 공기를 천천히 내뿜는다. 입을 다물고 마음속으로 4를 세면서 코로 숨을 들이마신다. 잠시 숨을 멈추고 7까지 숫자를 센다. 그런 후에 8초간 천천히 입으로 숨을 내뱉는다. 이 호흡법은 폐에 많은 산소를 공급해 마음을 안정시키는 데 도움을 준다.

생활 속에 여유를 갖지 못하는 사람들의 특징은 사소한 일을 곱씹으며 고민한다는 것이다. 하루 일과를 마치고 잠자리에 눕고 나서도 지난 일을 계속 필름처럼 돌리고 있는 경우가 많다. '회의 시간에 전무님의 질문에는 이렇게 대답했으면 좋았을 텐데', '실적 못 낸다고 너무 심하게 지적해서 이 주임이 상처받았을까', '주말에 출장 가야 하는 일 내가 한다고 할 걸…….' 몸은 쉬고 있지만 머리는 쉴 틈이 없이 돌아가고 있는 것이다.

하지만 머리에도 쉴 시간을 줘야 마음의 여유가 생긴다. 이미 끝난 일을 되새기며 후회해봤자 시간과 에너지만 소모될 뿐이다. 사소한 일에 연연하며 걱정하고 불안해하는 습관을 버리려는 노력이 필요하다.

인간관계에서 이익과 손해를 따지는 생각들이 마음의 여유를 빼앗아 가기도 한다. '내가 5만 원 손해 봤으니 5만 원만큼 갚아줘야지', '난 10만 원 줬는데 왜 3만 원밖에 안 돌려주지' 등 계산적인 생각들이 자신을 피곤하게 만드는 것이다. 특히 '월급도 적은데 난 받는 만큼만 일할 거야' 같은 사고를 지닌 직원은 애초에 피해 의식이 전제되어 있어서 마음이 점점 거칠어지는 경향이 있다. '손해 봐도 괜찮아', '내가 더 베풀어야지'라는 마음으로 인간관계를 풀어간다면 관계에 있어서도 한층 여유가 생길 것이다.

하버드 대학교의 한 연구 결과에 따르면 바쁠 때일수록 주위 사람에게 도움을 주는 행동이 스스로에게도 여유로운 느낌을 가져다준다고 한다. 성공한 사람일수록 봉사나 기부에 적극적인 것도 이와 관련이 있다. 누군가를 도와주는 행위는 나와 타인을 바라보는 새로운 시각을 가져다주고, 이를 통해 인간적으로 성장할 수 있는 계기를 만들어주기도 한다.

한편으로는 '모두와 잘 지내야 해', '이런 말을 하면 미움받을지도 몰라', '나만 참으면 되지' 등 자신의 기분을 억누르느라 마음의 여유를 찾지 못하는 경우도 많다. 모든 고민을 혼자 짊어지거나 주변 사람에게 너무 좋은 사람인 척하는 것도 정신적으로 피폐해지는 지름길이다.

가끔은 주변에 기대는 것도 좋고 개인주의적인 행동을 해도 좋다. 그리고 무엇보다 자신에게 좀 더 상냥하게 대해줘야 한다. 조금은 쑥스럽지만 거울 속의 나를 향해 다정한 말을 건네는 것도 자신 안의 여유를 되찾는 데 상당한 효과가 있다. 하늘의 푸름, 석양의 붉음, 강물이 흐르는 소리, 풀 향기, 길가에 피어 있는 꽃, 새들이 노래 부르는 소리 등 평소에 생각 없이 지나치던 주변의 모습을 잠시 여유를 가지고 꼼꼼하게 살펴보면 의외의 발견을 마주하게 되기도 한다.

지금까지와는 다른 세상, 새로운 세계가 펼쳐진다는 것을 알게 되면 여유 있는 매 순간을 누릴 수 있게 될 것이다.

알기 쉬운 금융상식

MZ 세대들에게 신입 사원이라는 명칭보다
금벤져스라는 용어를 사용하고 대우해주자.
그들은 공무원보다 많은 연봉과
대기업에 다닌다는 자부심보다
일과 삶의 적정한 균형을 원한다.
근로 계약서에 적혀 있는 근무 요건을 적용해주자.
그러면 그들은 우리 조직에 새롭고
긍정적인 바람을 불어올 것이다.

내 삶에 적용해 보기

66

66

알기 쉬운 금융상식

♦ ♦ ♦

There is only one success.
To be able to spend your life in your own way.

오직 한 가지 성공이 있을 뿐이다.
바로 자기 자신만의 방식으로 삶을 살아갈 수 있느냐이다.

_크리스토퍼 몰리Christopher Morle

Q&A [금융]

01 정기 예탁금과 정기 적금, 자유 적립 적금은 어떤 차이가 있
나요?

A1 정기 예탁금은 한 번에 목돈을 맡겨서 만기가 되면 원금
과 이자를 일시에 지급받거나, 혹은 이자를 먼저 매월 지
급받는 것 중에서 선택할 수 있다. 반면 정기 적금은 매월
일정한 금액을 정기적으로 불입해서 만기가 되면 일시에
받을 수 있고, 자유 적립 적금은 오늘 1만 원 입금하고 내
일 2만 원을 입금하는 등 자유롭게 입금해서 만기에 원금
과 이자를 수령할 수 있는 방식이다.

정기 예탁금은 목돈이 있을 때 더 많은 이자를 받기 위한 것이고 정기 적금은 목돈을 모으기 위해 매월 조금씩 모으는 것이기 때문에 목적 자체가 다르다.

3천만 원의 목돈이 있다고 가정하자. 1년 기준의 금리가 정기 예탁금이 4.3%, 정기 적금이 4.5%라고 했을 때 정기 적금의 금리가 높아 입출금 통장에 3천만 원을 입금해 두고 매월 70만 원 정도를 자동 이체해서 적금을 넣었다는 독자의 얘기도 들은 적이 있다. 이럴 경우에는 적금을 하지 말고 정기 예탁금을 하는 것이 실수령액이 더 많다.

• 1년 정기 예탁금 30,000,000원을 할 경우
  비과세 종합 저축: 31,290,000원
  세금 우대 저축: 31,224,710원
  과세: 31,091,340원
  (비과세 종합 저축은 기초 생활 수급자 증명서, 장애인 증명서, 독립유공자 증이 있으면 혜택을 받을 수 있고 해당 사항이 없으면 65세 이상일 때 가입 가능하다.)

• 1년 정기 적금을 해서 30,000,000원을 마련할 경우

비과세 종합 저축: 월 713,844원,

세금 우대 저축: 월 677,724원,

과세: 월 603,924원

정기 예탁금 4.3%에 비과세 종합 저축이면 이자가 1,290,000원, 정기 적금 4.5%에 비과세 종합 저축이면 이자가 713,844원이라는 결론이 도출된다.

즉, 정기 예탁금으로 넣어야 1년 뒤에 576,156원을 더 받아갈 수 있다는 것이다.

Q2 젊은 부부인데 6천만 원의 목돈이 있습니다. 시중 은행, 새마을금고, 단위 농협, 신협 중에 어디에 맡기는 게 이득인가요?

A2 신한은행, 우리은행, IBK기업은행, KEB하나은행, NH농협은행은 시중 은행 혹은 제1금융권이라고 불린다. 새마을금고, 단위 농협, 신협, 지역 수협 등은 협동조합 혹은 제2금융권으로 불린다. 제1금융과 제2금융은 안전성으로 분류하는 것이 아니기 때문에 양쪽 모두 원금과 이자를 포함해 5,000만 원까지 보호를 받을 수 있다. 개인적

으로는 시중 은행에서 대출을, 협동 조합에서 적금을 이용하는 것이 유리하다고 본다.

6천만 원을 한 명의 명의로 맡겨두지 말고 부부 각각 3천만 원씩 해두는 것이 좋다. 인근 금리를 확인하고 등본 1통을 지참해서 가장 높은 금리를 주는 협동조합을 찾아가자. 부부 각각 조합원 통장을 개설하고 세금 우대로 3천만 원씩 가입하면 될 것이다. 시중 은행과 협동조합의 이자 차이를 확인할 수 있는 예시를 살펴보자.

국민은행: 1년 4.5% 3천만 원 가입: 이자 1,142,100원
새마을금고: 1년 4.3% 3천만 원 가입: 이자 1,224,710원

시중 은행이 금리가 0.2% 더 높아도 협동조합에 정기 예탁금을 해두는 것이 82,610원 더 이득이다. 같은 금리였다면 139,580원을 더 이득 볼 수 있을 것이다.

Q3 작년에 정기 예탁금 3년짜리를 해뒀습니다. 이율이 2% 이상 올랐던데 해지하고 3년으로 다시 가입하는 게 좋은가요?

A3 통상 가입한 지 3개월 미만이면 해지하고 다시 가입하는 것이 이득이다. 현재는 금리 변동 폭이 상대적으로 크기 때문에 3년보다는 1년 주기로 재가입하는 것이 좋다. 3년 이율이 3.6%라고 했을 때 중도 해지 이율은 크지 않다. (1개월: 1.44%/3개월: 1.8%/6개월: 2.16%/9개월: 2.52%/11개월: 2.88%)

정기 예탁금은 약속된 기간이 지나야 정상적인 이자를 받을 수 있다. 따라서 제일 먼저 자금이 필요한 시기가 언제인지를 확인하고 정기 예탁금을 넣어야 한다. 1년 금리가 4%이고 6개월 금리가 2.8%일 경우 6개월 뒤에 쓴다고 생각한다면 1년을 가입해서 중도 해지하는 것이 아니라 처음부터 6개월짜리 정기 예탁금을 해두는 것이 맞다.

그다음으로 시장 경제의 흐름을 확인해야 한다. 현시점으로 봤을 때 3개월, 6개월, 12개월의 금리 차이가 크게 없다면 최대한 짧게 해서 재계약을 하는 것이 좋다. 매번 방문하기 어려울 경우 스마트 뱅킹으로 만기 자동 이체를 신청해서 가입하면 자동적으로 만기 시 해지 처리가 된다. 방문보다 스마트 뱅킹으로 가입했을 때 가산 금리를 주는 은행들도 많으니 이용하길 바란다.

Ｑ4 상호 저축 은행이 금리가 높아서 목돈을 맡기려고 하는데 부실 저축은행 사태가 또 발생해서 금전적 피해를 볼까 걱정이 됩니다. 안전한지 알아볼 방법이 있나요?

Ａ4 일반적으로 자본 적정성을 나타내는 BIS 비율이 8% 이상일 때 안전하다고 할 수 있다. 또한 고정 이하 여신 비율(연체 기간이 3개월 이상인 고정 이하 여신액이 여신 총액에서 차지하는 비중)이 8% 이하일 때 안전하다고 평가된다.

개인이 은행으로부터 대출을 받아 상환하지 못하게 되면 은행에는 부실 채권이 쌓이게 된다. 이는 개별 은행의 손실을 넘어 국가 경제에 불안을 초래한다. 이러한 사태를 사전에 방지하기 위해 국제 사회는 각 은행으로 하여금 BIS(국제 결제 은행)가 권고하는 자기 자본 비율을 유지하도록 하고 있다. 정기 예탁금을 생각하고 있는 상호 저축 은행의 BIS 비율, 고정 이하 여신 비율을 확인해보고 원금과 이자 포함 5,000만 원까지 맡겨두면 안전하다고 볼 수 있겠다.

저축 은행명	총 자산 (억 원)	당기순이익 (억 원)	BIS비율 (%)	고정이하 여신비율(%)
SBI	138,586	901	1.38	2.45
OK	122,320	267	4.07	7.57
한국투자	69,690	172	2.36	2.24
웰컴	62,956	270	2.60	4.69
페퍼	62,537	101	2.42	2.82
애큐온	56,059	106	1.93	2.95
다올	38,910	155	1.80	1.94
모아	35,635	120	3.01	2.95
상상인	34,202	239	2.98	2.68
OSB	28,913	69	2.10	2.69

출처: 금융감독원(2022년 3월 말 기준)

Q5 채권 관리 업무를 담당하고 있는 신규 직원입니다. 선배들이 고정 이하 여신이라고 얘기하는데 이해하기가 어렵더라고요. 자세히 설명 좀 부탁드립니다.

A5 고정 이하 여신은 금융 기관의 대출금 중 연체 기간이 3개월 이상인 부실 채권을 말한다. 금융 기관의 여신은 자산 건전성 분류 기준으로 정상, 요주의, 고정, 회수 의문,

추정 손실 5단계로 나뉜다.

- 정상이란 신용 상태가 양호한 거래처에 대한 대출금으로 연체 기간이 1개월 미만인 경우를 말한다.
- 요주의는 연체 기간이 3개월 미만으로 현재는 원리금 회수에 문제가 없으나 신용 상태가 악화될 가능성이 있어 세심한 주의나 관리가 필요한 경우를 말한다.
- 고정은 연체 기간이 3개월 이상으로 대출처의 신용 상태가 이미 악화돼 채권 회수에 상당한 위험이 발생할 것으로 판단되는 대출금과 회수 의문 또는 추정 손실 대출금 중 회수할 수 있는 예상 금액을 말한다.
- 회수 의문은 연체 기간이 3개월 이상 1년 미만이면서 대출처의 채무 상환 능력이 현저하게 악화돼 채권 회수에 심각한 위험이 발생한 대출금 중 회수 예상 금액을 초과하는 대출금을 말한다.
- 추정 손실은 연체가 1년 이상으로 대출처의 상환 능력이 심각하게 나빠져 손실 처리가 불가피한 대출 중 회수 예상 금액을 초과하는 부분을 말한다. 따라서 고정, 회수 의문, 추정 손실은 부실 채권이라 한다. 여신 업무 중에서도 채권 관리 업무는 매우 중요한 부분이므로 꾸

준히 실력을 쌓고 변경되는 규정을 파악해서 해당 업무
에 만전을 기하길 바란다.

Ⓠ6 부모님께서 청약 통장을 준비해두라는데 이게 뭔가요?

Ⓐ6 청약 통장에는 청약 저축, 청약 예금, 청약 부금, 주택 청
약 종합 저축이 있다. 청약 저축은 전용 25.7평 이하의 규
모로 국민 주택 기금의 지원으로 분양 또는 임대받을 수
있는 청약 통장으로 국민 주택에만 해당된다. 무주택 가
구로 1가구 1계좌에만 한정하고 월 2만 원에서 10만 원까
지 자유롭게 납입이 가능하다. 청약 저축 가입 후 6개월
이 경과하면 2순위, 2년 이상 연체 없이 24회 요건을 충족
하면 1순위가 된다.

청약 예금은 일정 기간 동안 정기 예금으로 목돈을 예치
하면 민영 주택 청약권이 부여되는 예금으로 만 20세 이
상이면 신청이 가능하다. 전 금융 기관에 통틀어 1인 1계
좌만 가입이 가능하고 통장별 중복 가입은 불가능하다.
청약 부금은 일정 기간 월 5만 원 이상 50만 원 이하의 금
액을 납입하면 민영 주택이나 민간 중형 국민 주택 청약

권이 부여되는 청약 통장을 말한다. 가입 조건은 청약 부금 실시 지역에 거주하는 성인이면 가능하고 1순위 조건을 갖추기 위해서 매월 약정한 날짜에 부금을 납입하고 2년이 경과했으면서 지역별 해당 예치 금액을 충족해야 한다. 청약 저축과 주택 청약 종합 저축에 가입한 20세 이상의 무주택 세대주는 최대 48만 원까지 연말 정산 혜택을 받을 수 있다.

Q7 연말 정산할 때 급여가 똑같은데 저보다 훨씬 많은 금액을 환급받는 친구가 있어요. 저도 저렇게 많이 환급받고 싶습니다!

A7 연말 정산은 소득자별로 1년간의 총 급여액에 대한 근로 소득세액을 소득세법에 따라 계산한 뒤 매월 급여에서 간이 세액표에 의해 이미 원천징수한 세액과 비교해 다음 해 1월분 급여 때 차액을 돌려주는 것이다. 즉, 세금을 많이 징수했다면 차액을 되돌려주고 적게 징수한 세액은 더 걷는다는 내용이다.

급여가 같더라도 연말 정산할 때 환급되는 금액의 차이가 있을 수 있다. 절세를 위한 5가지 팁을 알려주겠다.

1. 국세청 홈택스에서 환급액을 미리 확인하자. 신용카드 사용 금액이 작년보다 5% 늘었다면 추가 공제를 받을 수 있고 공제 한도가 남아 있는 항목을 확인해서 효율적인 소비를 할 수 있을 것이다. 공인 인증서 로그인 후 왼쪽 상단의 조회/발급을 누르고 연말 정산 미리보기를 클릭하면 확인이 가능하다.

2. 신용카드 사용액을 확인하자. 총 급여액의 25%를 초과해야 소득 공제를 받을 수 있다. 내 경우는 맞벌이 부부인데 각자 하기보다는 한 명이라도 25%를 넘길 수 있도록 한쪽으로 몰아서 사용한다. 신용카드 사용액이 25%를 넘었으면 체크카드와 지역 상품권을 사용해서 현금 영수증을 받으면 될 것이다.

3. 인적 공제와 의료비 공제되는 부분을 확인하자. 부양가족에 대한 인적 공제는 부부 중 소득이 높은 배우자에게 몰아주고 의료비 공제는 소득이 낮은 배우자에게 몰아줘야 한다. 의료비는 총 급여액의 3% 초과하는 금

액을 공제하는데 자녀의 의료비는 인적 공제를 받는 사람의 카드로 결제해야 공제를 받을 수 있다.

4. 청약 통장을 만들자. 연 소득 7,000만 원 이하의 무주택자가 청약 통장에 월 20만 원을 납입했다면 최대 96만 원의 소득 공제 혜택을 받을 수 있다. 또한 만 19세 이상 34세 이하 청년이라면 청년 우대형 주택 청약 종합 저축이 좋다. 이자 소득 500만 원까지 비과세가 되고 소득 공제까지 적용을 받을 수 있다.

5. 연금 저축과 퇴직 연금에 가입하자. 연금 저축은 연간 400만 원까지, 개인형 퇴직 연금(IRP)은 연금 저축 납입액을 합해 700만 원까지 공제를 받을 수 있다.

구 분	연금(적격)	연금(비적격)
보험료 납입하는 동안 세액공제	○	X
연금 수령할 때 연금소득세 납입	5.5%	면제
중도해지 시 과세	기타소득세 16.5%	10년 이상 비과세. 10년 미만이 이자소득세 15.4%

※ 연금수령 연령시기에 따른 연금소득세 (60세: 5.5%, 70세: 4.4%, 80세: 3.3%)

2023년부터 연금저축 한도가 늘어난다.

· 기존: 연금저축 납입액: 400만원

⇨ 변경: 연금저축 납입액: 600만원

· 기존: 개인형 퇴직 연금IRP 포함: 700만원

⇨ 변경: 개인형 퇴직 연금IRP 포함: 900만원

· 기존: 연금저축 400만원 + IRP 300만원 = 700만원

⇨ 변경: 연금저축 600만원 + IRP 300만원 = 900만원

• 연금(적격)상품 가입 시 세제 혜택

연봉 (사업소득)	기존 세금공제액 (400만원한도)	2023년 변경 세금공제액 (600만원한도)
5,500만 원 이하 (종합소득 4,000만 원 이하)	660,000원	990,000원
5,500만 원 ~1.2억 원 이하 (종합소득세 4,000만 원 ~1억 원 이하)	528,000원	792,000원

Q8 보험 무료 점검을 받았는데, 변경해야 할 보험이 많다고 합니다. 몇 군데 보험 견적을 받아보고 있는데, 어떤 부분을 주안점으로 해서 검토해야 할까요?

A8 보험은 최소한의 비용으로 최대의 보장을 받는 게 중요하다. 그래서 보험도 다이어트를 해야 하는데, 요요가 오지 않고 건강한 체형을 유지하도록 10가지 팁을 주도록 하겠다.

1. 보장을 지나치게 과하게 넣는 것도 문제가 되지만 보장이 턱없이 부족한 것도 문제가 된다. 실손 의료비를 가장 먼저 가입하고 치료 비용이 많이 드는 암이나 뇌혈관, 상해, 수술 등에 대해서도 보장받을 수 있도록 준비해야 한다. 입원비 특약은 넣지 않아도 괜찮다.

2. 보장 기간이 짧은 보험은 늘려야 한다. 보험에 가입해 두는 시기에 치료력이 있어 재가입이 안 되는 경우가 있다. 만기일이 짧으면 다시 가입해야 되는데, 그럴 경우 기존 보험료보다 훨씬 높은 금액을 부담하거나 유병자(갱신형)로 가입해야 되기 때문에 처음부터 보장

기간을 길게 하는 것이 좋다.

3. 착한 실손으로 전환하는 건 꼼꼼히 따져봐야 한다. 갱신 주기, 보장 금액, 자기 부담금 등에 있어 옛날 실비가 좋기 때문에 무작정 해지하고 금액을 줄이는 것은 옳지 않다. 도수 치료, 체외 충격파도 횟수가 제한되므로 변경 전에는 전문가와 충분한 상담 후 진행하도록 하자.

4. 비갱신형으로 가입하자. 보험 가입은 내가 선택하지만 갱신되는 시점에 보험료가 올라가는 것은 보험 회사가 주도권을 가진다. 처음 가입할 때 1만 원이었는데 20년 후에는 10만 원이 훌쩍 넘어갈 수 있으니 갱신되지 않는 보험을 준비하도록 하자.

5. 해지 환급금에 집중하지 말자. 3만 원에 가입할 수 있는 상품인데 적립금을 높인다고 20만 원까지 납부할 필요가 없다. 3만 원을 보장받고 17만 원을 일반 적금에 넣는 것이 더 좋다.

6. 입원비는 납입하는 보험료에 비해 받을 수 있는 금액이 적다. 주계약에 입원비가 포함되어 있는 어린이 보험을 제외하고 특약으로 입원비를 넣는 건 추천하지 않는다.

7. 보험료가 도저히 부담이 돼서 유지가 힘들다면 전체 해지가 아니라 부분 특약 해지로 가야 한다.

8. 보험은 한 군데에만 가입하지 말고 여러 군데 가입해 두자. 생명 보험 회사와 손해 보험 회사의 상품을 적절하게 융합해서 보장을 든든하게 할 필요가 있다. 실손 의료비, 운전자, 화재 보험을 제외하면 중복으로 보상되는 부분이기 때문에 여유가 된다면 미리 준비해두자. 이제는 암 보험이 아니라 '암 테크 시대'라고 불린다.

9. 무료 보험 점검을 많이 해주도록 하자. 전문가에게 기존 보험에 대해 구조 변경Remodeling을 받아보는 것이다. 치아 보험은 임플란트를 했으면 과감히 정리하고, 운전자 보험은 민식이법 등 개정된 법에도 적용되는지를

주기적으로 확인해야 한다.

10. 유니버셜 변액 보험이나 연금 같은 경우 사업비를 줄이기 위해서 추가 납입을 하는 것이다. 월 100만 원 가입할 것이라면 월 20만 원을 가입하고 80만 원을 추가 납입한다. 연금도 처음부터 34만 원을 가입하기보다는 10만 원을 가입해서 연말에 280만 원을 추가 납입하는 것이 연금 개시일에 받는 금액이 더 크다.

여기서 제시한 보험 10계명이 정답은 아니겠지만 어느 정도 참고용으로 활용할 수 있을 것이다. 보험은 한번 가입하면 20년 이상을 납입해야 하고 100세까지 보장을 받아야 하기 때문에, 반드시 전문가와 충분한 상담을 거쳐 결정하는 것이 무엇보다 중요하다.

Q9 입출금 통장을 개설하려고 신분증만 가지고 은행을 방문했는데 거절당했습니다. 제 명의의 통장을 개설 못 하는 이유는 무엇이며, 개설하겠다면 어떻게 해야 하나요?

A9 1개월 이내에 타 금융 기관에서 입출금 통장을 개설한 이

력이 있으면 한 달 이후부터 개설 여부를 확인할 수 있다. 또한 금융 사기 피해 예방을 위해 입출금 통장 개설 절차가 강화되었다. 금융 거래 목적 확인이 어렵거나 계좌 개설 목적이 불명확한 경우에 거절당할 수 있다. 개설하기 위해서는 뚜렷한 통장 개설 목적을 제시해야 한다.

통장 개설 목적	증빙 서류
급여 계좌	재직증명서, 근로소득원천징수영수증, 급여명세표 등
법인(사업자) 계좌	전자세금계산서, 재무제표, 부가가치세증명원, 사업장임대차계약서
모임 계좌	구성원 명부, 회칙 등 모임 입증 서류
공과금 이체 계좌	공과금 납입 영수증
아파트 관리비 계좌	관리비 영수증
아르바이트 계좌	고용주의 사업자등록증, 근로계약서, 급여명세표 등
사업자금 계좌	사업 거래 계약서 및 거래상대방의 사업자 등록증
연구비 계좌	연구비 계약서, 지급 단체 사업자 등록증
그 외의 경우	개설목적을 확인할 수 있는 객관적 증빙서류

Q10 대학교에서 아르바이트를 하고 있는 학생입니다. 주변 친구들도 보이스 피싱을 당하던데, 만약 피해를 입었다면 구체적으로 어떻게 대처하면 되나요?

A10 요즘은 젊은 친구들도 보이스 피싱 피해를 입는다. 개인 정보 유출 피해가 있다고 판단되면 먼저 경찰청(112), 금융 감독원(1332)이나 입출금 통장을 이용하는 금융 회사 고객센터에 즉시 피해 사실을 신고하고 지급정지 신청을 해야 한다. 다음으로는 가까운 경찰서를 방문하여 사건 사고사실 확인원을 발급받아서 이를 지급 정지 신청한 금융 회사 영업점에 제출(지급 정지 신청일 3일 이내)하면 피해금 환급 신청을 할 수 있다.

보이스 피싱과 관련된 범죄 수단이 더 지능적으로 발전하고 있어서, 당장 개인 정보 유출 피해가 없어도 나중에 피해를 입을 수 있다. 조금이라도 의심된다고 판단되면 기존의 금융 인증서나 공동 인증서를 폐기하고 재발급 받도록 하고, 악성 앱도 삭제해야 한다.

금융 감독원 개인 정보 노출자 사고 예방 시스템(pd.fss.

or. kr)에 접속해서 개인 정보 노출 사실을 등록하여 신규 계좌 개설, 신용카드 발급을 제한해두는 것이 좋다.

또한 금융 결제원의 계좌 정보 통합 관리 서비스(payin fo. or. kr)에 접속해서 '내계좌한눈에' 메뉴를 클릭하면 명의 도용 계좌 개설이나 대출이 실행된 내역을 확인할 수 있다.

그 이후에 한국 정보 통신 진흥 협회의 명의 도용 방지 서비스(msafer. or. kr)에 접속해서 '가입 사실 현황 조회 서비스' 메뉴에 들어가 본인 명의로 개설된 휴대 전화 개설 여부를 확인하면 된다. 명의 도용 휴대 전화가 개통된 경우에는 해당 이동 통신사에 회선 해지 신청 및 명의 도용 신고를 해서 피해를 예방할 수 있다.

금융을 알면 우리 삶은
더 행복해질 수 있다.
각 분야의 금융 전문가를 찾아가서
상담받고 실행에 옮기자.

내 삶에 적용해 보기

66

66

　알기 쉬운 금융상식

Challenges are what make life interesting;
overcoming them is what makes life meaningful.

도전은 인생을 흥미롭게 만들며,
도전의 극복이 인생을 의미 있게 한다.

_조슈아 J. 마린Joshua J. Marine

01 영업직에 근무 중입니다. 회사에 입사한 지 1년이 다 되어 갑니다. 저를 힘들게 하는 직원이 있어서 버텨야 할지 떠나야 할지 결정을 못 하고 있는데 조언을 구하고 싶습니다.

A1 직장은 취미 활동을 위한 동아리 모임이 아니다 보니 나와 코드가 맞는 사람이 없을 수도 있다. 업무로 힘이 들면 보고 체계를 통해 개선하면 되지만 사람 문제라면 정말 힘들었겠다는 위로부터 건네고 싶다. 하지만 도저히 못 버틸 정도가 아니라면 계속 근무하기를 일단 권장한다. 나 역시 사표를 써봤고 지금 5번째 회사에 다니고 있다. 지금 근무하는 회사가 나의 마지막 직장일 거라고 생각한

다. 전체를 10으로 본다면 그중 8은 좋아서 회사에 출근할 때도 행복하다는 생각을 여러 번 한다. 하지만 이전에 다닌 회사들을 떠올려보면 그곳들도 10 중에 8은 좋았고 2가 싫어서 퇴사를 했었다.

자신이 이 회사에 근무하는 진짜 이유에 대해서 심도 깊게 생각해보기를 바란다. 직원 한 명이 싫어서 이직을 하더라도 다른 직장에서 또 그런 직원을 만날 확률이 높고, 퇴사가 반복되는 악순환이 일어날 수 있다.

회사의 비전, 급여, 업무 등 좋은 부분을 찾아보고 그 사람과의 관계도 호전하려는 노력을 체계적으로 해볼 필요가 있다고 본다. 특히나 영업직이라면 더더욱 나와 맞지 않는 상대와 지내는 방법도 배울 필요가 있다. 사람이 싫어지기 시작하면 얼굴만 봐도 숨이 막히고 목소리도 듣기 싫어지는 게 인간이라는 동물이다.

다양한 형태의 기업에 근무하면서 나 역시 잘할 때는 시기와 질투를, 못할 때는 구박과 핀잔을 받기도 했다. 하지만 묵묵히 회사에 높은 기여를 할 수 있는 직원으로 성장해간다면 언젠가는 사이가 나쁜 그 직원도 업무적인 질문을 해오게 될 것이다. 그러다 보면 분명 잘 버텼다고 느끼는 날이 올 것으로 생각한다.

Q2 회사에 입사하자마자 최고의 실적을 냈고 전국 1등 신인왕이라는 타이틀을 거머쥐었습니다. 지금은 실적을 못 내서 슬럼프에 빠졌는데 조언을 받고 싶습니다.

A2 어느 회사에서든 신인왕은 아무나 할 수 있는 일이 아니다. 시작이 반이라는데 직장에서의 첫 단추를 잘 끼운 것이다. 그런데 60세 정년까지 근무하면서 1등이라는 성적을 한 번은 낼 수 있어도 꾸준히 매년 이룬다는 것은 정말 힘든 일이다. 대부분의 회사에서 과정보다 결과를 중시하다 보니 슬럼프에 빠지는 훌륭한 인재들이 많다. 원하는 목표를 달성하지 못하면 허무해지고 내가 하는 일에 무의미함을 느낄 수 있다.

하지만 직장 생활을 하면서 일의 결과도 중요하지만 일하는 과정에 좀 더 비중을 두고 근무하는 자세가 필요하다. 입사하자마자 전국 1등을 했다는 것은 본인이 잘하는 업무를 직업으로 삼았다고 판단된다. 결과도 중요하지만 그 결과를 위한 과정을 기획하고 헤쳐나갈 수 있는 힘을 기르는 것도 올바른 성장이라고 생각한다. 훌훌 털어버리고 다시 시작하면 그만이다. 직장에서 근무하는 기간은 우리가 생각하는 것보다 훨씬 짧다. 열심히 보낸 하루가 쌓여 그것이 내공이 되고 결과로 나타날 것이니 즐겁게 직장생활을 해보자.

끝으로, 살다 보면 잘할 때도 있고 못할 때도 있는 거다. 지금 당장의 실적을 못냈다고 해서 좌절하지 말자. 실적은 매년 똑같이 1등할 수 없다. 하지만 실적을 못 채운 한 해를 경험 삼아 조금 더 성숙한 내가 될 수 있다. 그러니 순간에 연연하지 말고 길게 보고 넓게 보도록 하자. 분명 결국엔 다 잘 될 것이다.

Q3 직장에서 성공하고 싶습니다. 어떻게 해야 하나요?

A3 사람들은 성공하는 법을 배우고 싶다고 하면서도 그 과정은 외면하고 오로지 목표만 보고 달리는 경우가 있다. 그런데 성공은 쟁취해야 하는 물건이 아니라 꾸준히 노력하

도록 목적지를 알려주는 일종의 내비게이션이나 마찬가지다. 직장에서의 성공은 어디에 기준을 두느냐에 따라 해석이 달라지겠지만, 일반적으로 성공을 향해 간다면 흔들리지 않고 앞을 보고 달려야 한다. 특히 과속하지 않고 본인이 정한 규정 속도에 맞춰서 운전해나가는 것도 중요하다.

또 사람에게 휘둘리거나 불필요한 감정 소비를 하지 않으려는 노력이 필요하다. 이리 치이고 저리 치이다 보면 흔들리거나 포기하고 싶을 때가 생긴다. 그럴 때면 위기를 극복하는 나만의 필살기를 가지고 있어야 한다. 결국 나는 될 것이라는 자신감을 넘어 확신을 가질 필요가 있다. 꿈을 크게 가지고 현실이라는 벽에 부딪힐 때마다 자양분으로 삼아보자. 어느 순간 성공의 반열에 올라와 있을 것이다.

Q4 현 직장에 만족을 못 하고 있습니다. 어떤 노력을 해야 할까요?

A4 실제로 직장 생활에 만족하는 이들은 많지 않다. 돈을 받

으면서 다양한 경험을 쌓을 수 있다고 생각하며, 무한히 흔들리는 시기에 스스로 헤쳐나가는 힘을 길러야 한다. 누군가의 도움에 의해 일어설 수도 있지만 오래도록 지속하고 단단해지기 위해서는 결국 자신이 노력해야 한다. 돈만 벌면 된다는 생각보다 그 안에서 내가 추구하는 가치와 보람을 찾는 것이 무엇보다 중요하다. 입사 동기보다 연봉이나 직급이 높아서 인정받고 있다고 생각되는 것, 회사에서 나의 존재감을 드러내는 데에 행복감을 느끼는 것, 조직의 성장 및 수익에 공헌하는 것, 새로운 업무 방식을 제시하고 실제 실현되는 과정을 보는 것 등 다양한 방향으로 내가 여기 있는 이유를 찾아보자. 그 안에서 경험을 쌓다 보면 자신이 꿈꾸던 성장의 형태를 만들어낼 수 있을 것이다.

현 직장에 만족을 못한다고 느낄 때 회사를 떠나기보다는 내가 하고 싶은 업무를 A4용지 한 장에 작성해서 결재권자에게 제출 한 적이 있다. 반영이 된 부분도 있었지만 되지 않은 부분이 훨씬 많았다. 하지만, 우리는 늘 무언가를 시도했을 때보다 시도하지 못했을 때 후회가 더 크다. 어차피 둘 다 후회할 거라면 용기를 내서 한 번 시도해보는 것이 좋다고 생각한다. 같은 후회라고 할지라도 시도는 교훈을 얻지만 포기는 미련을 남기게 되어 있기 때문이다. 이러한 노력이 모이면 조금씩 변화가 생길 것이고 직장생활에 만족하는 순간이 올 것이다.

Q5 승진에서 떨어졌습니다. 무엇이 문제일까요?

A5 내가 생각하는 승진시기와 회사가 결정하는 승진시기는 같을 수 없다는 현실을 맞닥뜨렸을 때 그 슬픔은 당사자가 아니면 모른다. 필자는 특별승진을 할 수 있는 기회가 왔을 때 내년을 기약하라는 결과를 통보받았었고 일반승진 기간 때에도 일단 다음 기회를 보자는 인사권자의 위로를 받은 적이 있었다. 그 후유증은 커서 잠은 커녕 일상생활을 제대로 하지 못할 정도로 힘들었다. 직장에서 승진이야말로 내가 인정받는 척도이자 내가 일한 결과에 대한 보상이라고 생각했기 때문이다. 역시 시간이 치유해주더라. 그때는 회사가 그렇게 미웠고 현실을 부정했지만 지금은 상처가 많이 아물었다. 오히려 그 때의 인사권자가 이해가 될 정도로 성장했다.

다양한 형태의 기업에 근무하면서 간혹 일을 대하는 모습과 태도가 처음의 모습과 태도와 달라지는 직원들을 보게 된다. 이력서에는 자신이 무엇이든 해낼 수 있는 능력자라고 어필하고, 면접에서는 어떻게 해서든지 기회를 얻으려고 안간힘을 썼을 것이다. 그러나 막상 입사하고 몇 년이 지나면서 자연스레 요령을 피운다면 인사권자는 어떻게 생각할까?

승진이라는 것은 때에 걸맞은 옷을 입을 수 있는 자격이 주어지는 것이다. 그런데 내가 아직 그 옷을 입기에 부족하다는 것이므로, 내가 바라보는 시점이 아니라 회사에서 바라보는 전체적인 관점으로 생각해볼 필요가 있다고 본다.

간혹 직원의 실력보다는 근무 연수가 채워지면 자동으로 승진시키는 기업도 있지만, 일반적으로는 회사에 대한 공헌도와 충성심 등 여러 항목을 평가하여 최종 승진의 기회를 준다. 승진이 되지 않았을 때 퇴직해야 하는 회사가 아니라면, 꾹 참고 묵묵히 시기를 기다려보자. 생존에 초점을 맞추기보다는 일을 통한 성장에 대해 깊이 있는 접근을 해볼 때라고 생각한다.

일을 열심히 하는 것은 본인과 남을 위한 기본적인 예절이기도 하다. 희망적으로 일을 해석하고 긍정적으로 받아들일 수 있는 힘을 길러야 한다. 그것이 결국에는 인사고과에 반영되어 결과로 드러날 것이다. 대리나 과장이 되려고 회사에 입사한 게 아니다. 언젠가는 이 회사에 경영자가 되기 위해 여기에 있는 것임을 명심하자.

Q6 선배들은 바쁘셔서 스스로 업무를 익혀야 하는데, 슈퍼 신입 사원이 되려면 어떻게 해야 할까요?

A6 일을 하면서 배운 것이나 깨달은 내용을 기록하는 습관을 갖자. 신규 직원은 모든 업무가 새롭고 강렬하기 때문에 금방 잊어버리기 쉽다. 그리고 기록한 것을 혼자만 알고 있는 것이 아니라 주변에도 공유한다면 본인의 업무 완결성이 높아지고 인적 네트워크도 강화된다.

다음으로는 질문하고 그것에 대해 학습해야 한다. 어떤 맥락과 배경에서 업무를 하게 되는지 이해하고 진행해야 그것이 기억에 오래 남는다. 같은 질문을 반복하는 행위는 점점 줄여나가고 스스로 학습해서 자기만의 것으로 만들자.

끝으로 어떤 업무를 보더라도 경영자의 시각으로 바라보도록 노력해야 한다. 주인 의식이 없으면 주인이 될 수 없다. 일을 처음 시작했을 때의 초심이 더해지는 것만으로도 경영자로 가는 지름길이 될 수 있을 것이다. 모든 일을 한 번에 잘하고 싶은 것은 인간이 누구나 가지고 있는 본능이자 욕심이지만 실제로는 쉽지 않다. 슈퍼 신입 사원이 되고 싶은 마음 자체가 이미 회사에 꼭 필요한 인재가 지녀야 할 자질이라고 본다. 실수해도 좋다. 처음 그 마음을 잊지 말고 주머니에 잘 넣어두었다가 힘이 들 때 꺼내보기를 바란다.

❓7 일을 잘하고 싶습니다. 어떻게 하면 잘할 수 있나요?

❗7 일에 대해서 좋은 생각을 하고, 일에 대한 적절한 태도를 가지는 것이 우선시되어야 한다. 일을 잘하는 직원들은 대부분 업무를 시킨 것만 하는 게 아니라 능동적이고 적

극적인 태도를 취한다. 그렇다고 매일 열심히 하는 것이 아니라 할 때는 하고, 적절한 휴식도 취할 줄 안다.

신입 사원일 때는 주어진 업무를 기한 내에 달성하면 잘하는 것이다. 하지만 중간 관리자가 되면 함께 일하는 이들과 공동의 목표를 설정할 수 있어야 하고, 적절히 지시할 줄 알아야 하며, 성과를 낼 수도 있어야 한다. 책임자가 되었을 때는 공동의 목적과 목표를 직원들에게 다시금 인식시켜주고, 함께 일하는 긍정적인 문화를 만들어가는 것도 중요하다.

현재 자신의 위치를 깊이 있게 분석해보고, 부족한 부분은 면밀하게 채워가면서 최선을 넘어 혼신의 힘을 다한다면 일 잘하는 직원이 되어 있을 것이다. 끝으로 본인이 편하게 느끼는 업무 방식보다 고객이 편할 수 있는 업무를 하는 것이 옳다고 생각한다. 역지사지易地思之를 명심하자.

Q8 **자기소개서를 작성 중인 취업준비생입니다. 은행직군의 입사 지원 동기 및 포부는 어떻게 작성하셨나요?**

﹇8 자기소개서는 내가 어떤 것을 잘하기 위해 무슨 노력을 했고, 그 과정에서 무엇을 얻고 깨달았으며 이를 통해 어떤 모습이 되기 위해 최선을 다하고 있는지를 표현하는 것이다. 내가 신입 시절에 썼던 자기소개서를 참고하되 무엇보다도 자신의 이야기를 풀어나가길 바란다.

직업 선택은 자신의 적성과 능력을 고려하는 것이 가장 중요하다고 생각합니다. 육군 장교 생활과 포항 모 새마을금고 근무 시절, 다양한 성향의 사람들과 직장 생활을 하면서 직업 선택의 중요성을 몸소 경험할 수 있었습니다. 그리고 이를 통해 내가 좋아하면서 잘할 수 있는 것은 의사소통이라는 결론을 내렸으며, 그러한 의사소통의 메카는 새마을금고라고 생각했습니다. 왜냐하면 하루 종일 많은 사람이 나를 만나기 위해 번호표를 뽑아서 기다리는 설렘의 장소이기 때문입니다.

입사 2년 차에 최고의 성과(생명 공제 상반기 초회 공제료 2,456,000원)를 이끌어냈고(증거 자료 첨부 가능) 금고 회원 중 자생 단체 회원들을 위한 맞춤형 행사를 진행하여 요구불 계좌에 20억 원가량을 증대시켰습니다. 누구보다 탁월한 커뮤니케이션 능력을 갖췄다고 자신하며 직원들과 함께 맡은 직무를 잘 수행할 역량이 있습니다.

09 장래 계획(10년 후 나의 모습)은 어떻게 작성하셨나요?

A9 '국내 TOP 교육, 금융 전문가 되겠다.' 2008년 12월 대학교 취업 게시판에 "국내 TOP 교육, 금융 전문가를 꿈꾸는 이상민 학우"라는 제목으로 기사가 게재되었습니다. 본 기사는 대학생들이 모두 열람할 수 있는 것으로, 최근까지도 "교육, 금융 전문가로서의 꿈을 응원한다"는 문자 메시지를 받았습니다. 2009년에 육군 장교로 복무하면서 교육, 금융 전문가가 되겠다는 다짐을 잊지 않고 전역하자마자 실행에 옮겼습니다. 그 초석을 포항 모 새마을금고에서 마련했고, 이제는 왜관새마을금고에서 날개를 달아 왜관을 무대로, 전국을 무대로 꿈을 펼쳐보려고 합니다.

공병호 박사의 "10년 법칙"에서도 말하듯이, 한 분야에서 꾸준히 10년을 종사하면 전문가가 된다고 합니다. 급변하는 금융 환경, 변화무쌍한 정보 전쟁 속에서 새마을금고의 영원한 숙제는 인재 육성이라고 생각하기에 10년 후에는 전문가로서 명확한 해답을 제시하고 싶습니다.

어린 시절부터 사람을 좋아했고, 지금까지도 변치 않는 진정성으로 금고의 일원으로 일해보고 싶습니다.

❙❙10 특기 및 취미 활동은 어떻게 작성하셨나요?

❙❙10 학창 시절부터 사람을 좋아해서 늘 친구들과 함께였습니다. 초등학교 1학년 때부터 고등학교 3학년 때까지 쭉 반장과 부반장을 했으며, 군 복무 시절에는 장교로 근무를 했습니다. 이렇게 제가 늘 리더의 자리에 있을 수 있었던 이유는 바로 사람을 너무나 좋아하기 때문입니다. 그 좋아하는 마음이 함께 생활하면서 섬김으로, 사랑으로 표현되었다고 생각합니다.

사회생활을 시작하면서는 낯선 사람을 사귀는 것을 취미 생활로 삼았습니다. 사람을 만날 기회가 주어지는 곳이라면 대학교 축제 MC, 신입생 오리엔테이션 사회자, 취업 전략 특강 강연자 등 어디든지 가서 다양한 모습으로 활

약했고 또 실제로 누구보다 잘해냈다고 생각합니다. 앞으로 왜관새마을금고에서의 창구 업무 또한 단순히 경제 활동을 위한 수단이 아니라 많은 사람을 만나며, 교학상장^{敎學相長}할 수 있는 목적 그 자체라고 자신 있게 말할 수 있습니다.

▌11 경력기술서(해당자에 한함)

▌11 • 수신 및 공제(2013년 10월 말 기준)

  · MG체크카드(50건 목표 대비 400건 달성)

  · 삼성제휴 신용카드(5건 목표 대비 32건 달성)

  · 생명공제(20만 원 목표 대비 250만 원 달성)

  · 손해공제(10건 목표 대비 80건 달성)

  · 자동차 보험(5건 목표 대비 52건 달성)

  · 신용정보 동의서(10건 목표 대비 125건 달성)

• 교육기획(취업 / 창업 / 사회공헌 사업 교육 기획 및 운영)

  · 이력서, 자기소개서 클리닉(충남대학교, 안양대학교, 신안산대학교)

  · 직업기초역량 및 직무 교육과정(한양대학교 안성캠퍼

스, 한국폴리텍대학, 천안연암대학)
- 창조적 리더십 아카데미(안동대학교, 대림대학교)
- 취업캠프(동양미래대학, 한국기술교육대학교, 인천재능대학교)
- 창업 교육(창업영재 새싹캠프, 남북 청소년 비즈쿨, 창업 아카데미, 기술보증기금 CEO 전문강좌)
- CSR 사업(노후준비설계 100세 특강)

- 인사업무 총괄(인사, 부관, 법무, 경리)
  - 인사(간부 보직 편성 및 6사단 자살예방교관 수행, 부대행사 진행): 폭소가요제 기획 및 운영
  - 부관(부사관 인력획득, 병 중대분류 및 보직 부여): 단기 부사관 8명, 전문하사 2명 획득
  - 법무(금전적 및 성희롱 간부 1명 폭언·욕설 간부 1명, 구타 및 가혹행위 병사 8명 징계)
  - 경리(예산 및 출납업무로 규정에 근거한 투명한 예산 집행): 최우수간부 선정

- 외부특강
  - 안동대학교 저학년, '취업과 진로설계'

- 안동대학교 고학년, 'Dream come true'
- 안동대학교 신입생, '무엇이 나의 가슴을 뛰게 하는가'
- 논산여자상업고등학교, '선 취업, 후 진학'
- 안양여자상업고등학교, '꿈을 크게 가져라'
- 대동고등학교/이동고등학교, '신입사원 첫걸음'
- 상도중학교/동지중학교, '시간관리법'

"직장에서는 강한 자가 살아남는 게 아니라
살아남는 자가 강한 것이다."

이 말이 의미하는 상황을 직장에서 맞이할 날이 올 것이다.
알고 있었으나 잠시 잊고 있었던,
그런 일이 나에겐 일어나지 않을 거라고 생각했으나
비로소 그런 일이 나에게 일어나면 상기해보도록 하자.
살아남는 데 도움이 되는 지혜를 얻고,
그것이 더 성장할 수 있는 역량이 될 것이다.
역량을 키우고 성장을 하며
결국 살아남을 수 있었으면 좋겠다.
그래서 강한 자가 되기를 희망한다.

내 삶에 적용해 보기

"

"

알기 쉬운 금융상식

변화무쌍한 정보전쟁

이 책은 2016년에 처음 구상하여 만든 것으로, MG희망나눔 금융교실 전문 강사, 멘토와 함께하는 슬기로운 직장 생활 전임 강사로 활동하는 동안 강의 자료로 활용하고 있었다.

그런데 강의를 통해 금융과 관련된 내용을 전파하는 것은 대상자가 한정적이지만, 책으로 만들면 시간과 장소에 구애받지 않고 금융에 관심만 있다면 누구나 쉽게 접할 수 있지 않을까 생각했다. 그래서 퇴근 후 30분씩 글을 쓰면서 매일 꾸준히 내가 알고 있는 지식을 적어 내려갔다. 중간에 『청춘사유』라는 책을 출간하면서 『알기 쉬운 금융상식』은 오랫동안 미완의 원고로 머물고 있었는데, 2023년 새해가 되어서야 책으로 세상에 나오게 되었다.

그 사이 주식과 비트코인에 집중하고 저금리 구조로 흐르던 금융 시장의 환경과 세계의 금융 풍경 또한 많이 달라졌고, 금융에 대해 내 생각과 방향도 처음과 비교했을 때 여러 차례 수정되었다.

금융이라는 범주 내에서 공부를 하다 보면 복잡하고 재미도 없어 금방 싫증이 나는 경우가 많다. 하지만 나는 금융인으로서 지역 사회부터 여러 방면의 도움과 지지를 받아왔고, 그러한 부분이 스스로 성장시키는 데에 큰 자양분이 되었다. 나 역시 지역 사회 내에서 금융을 공부하고 싶거나 이를 어렵게 느끼는 사람들을 직접 찾아가서 도움을 주고 싶은 마음이 있다. 비록 현실적으로 일일이 만날 수는 없지만, 전문가들이 아닌 일반인들도 생활 속에 필요한 금융 상식을, 이 책을 통해 공부할 수 있기를 바란다.

마지막으로 토끼와 거북이 이야기를 소개하며 펜을 내려놓을까 한다. 옛날 옛적에 토끼와 거북이가 살았다. 선천적으로 달리기를 잘하는 토끼는 항상 1등을 했고 선천적으로 달리기를 못 하는 거북이는 항상 꼴찌였다. 어느 날, 토끼와 거북이가 달리기 경주를 하게 되었고, 토끼는 노력하지 않아도 자신이 1등을 할 게 뻔하다는 자만심에 빠져서 낮잠을 자게 되었다.

　반면 거북이는 자신의 부족한 부분에 좌절하지 않고 꾸준히 달려 마침내 결승점에 진입했다. 그 결과 달리기 경기의 우승자는 거북이가 되었다. 토끼와 거북이의 달리기 경주에서 거북이가 이긴 이유는 토끼가 나태하고 거북이가 근면해서가 아니라, 토끼는 상대를 보고 뛰었고 거북이는 목표를 보고 뛰었기 때문이라고 생각한다.

　사회생활을 하면서 나보다 잘나거나 못난 사람에게 열등감이나 우월감을 느낄 필요는 없다. 그저 나 자신의 목표를 바라보며 달려나가면 되는 것이다. 마찬가지로 부모의 재산을 물려받아서 태생부터 부자였던 주변 사람들에게 열등감, 우월감을 느낄 필요도 없다. 올바른 저축 습관과 적절한 투자로 안정적인 삶을 영위하면 될 것이다.

　그동안 새벽 시간이면 이해하기 힘든 금융과 관련된 내용을 붙잡고 눈을 껌뻑이기 일쑤였다. 내가 쓰고 있는 문장을 스스로 의심하고 지우며 다시 쓰기를 수없이 반복했다. 아내와 아이를 두고 허공에 발길질하는 모습을 보여주는 날에는 '포기'라는 단어가 입가에 맴돌았다. 그때마다 할 수 있다고 힘을 준 가족에게 너무 고맙다는 말을 전하고 싶다.

비#혼주의자였던 내게 세상에서 제일 좋은 남편이 되겠다는 목표 의식을 갖게 해준 사랑하는 아내 은화와 평범했던 삶을 더 행복해지게 해주고 좀 더 바른 삶을 살아야겠다는 목적 의식을 뚜렷하게 갖게 해준 딸 채린이, 아들 유찬이에게 감사와 사랑한다는 말을 전하고 싶다.

그리고 이 책을 보셨으면 누구보다 좋아해주시고 축하해주셨을 MG새마을금고의 큰 별, 황성애 상무님께 이 책을 바친다.

알기 쉬운 금융상식

초판 1쇄 인쇄	2023년 01월 10일
초판 1쇄 발행	2023년 01월 20일
지은이	이상민
펴낸이	김양수
책임편집	이정은
펴낸곳	휴앤스토리
	출판등록 제2016-000014
	주소 경기도 고양시 일산서구 중앙로 1456 서현프라자 604호
	전화 031) 906-5006
	팩스 031) 906-5079
	홈페이지 www.booksam.kr
	이메일 okbook1234@naver.com
	블로그 blog.naver.com/okbook1234
	포스트 post.naver.com/okbook1234
	인스타그램 instagram.com/okbook_
	페이스북 facebook.com/booksam.kr
ISBN	979-11-89254-81-0 (03320)

휴앤스토리, 맑은샘 브랜드와 함께하는 출판사입니다.